CDA数字化人才系列丛书

数据运营

数据分析模型撬动新零售实战

叶秋萍 / 著

电子工业出版社
Publishing House of Electronics Industry
北京·BEIJING

内 容 简 介

本书主要内容：

12 个数据分析模型在零售多元化业务场景中如何支持决策，实现业务赋能。

本书主要解决以下问题：

- 针对不同的业务场景，分析模型怎么选？
- 利用数据分析解决业务问题的完整思路是怎样的？
- 商业分析如何养成？分析结果如何落地？

本书适合读者：

数据分析师、市场分析师、商业分析师、数据运营官、业务决策者、强数据意识企业高层领导，以及其他对数据分析或数据运营感兴趣或欲转行从事数据分析或数据运营工作的人员。

未经许可，不得以任何方式复制或抄袭本书之部分或全部内容。
版权所有，侵权必究。

图书在版编目（CIP）数据

数据运营：数据分析模型撬动新零售实战 / 叶秋萍著．—北京：电子工业出版社，2022.3（2025.8 重印）
（CDA 数字化人才系列丛书）
ISBN 978-7-121-42833-3

Ⅰ.①数… Ⅱ.①叶… Ⅲ.①零售业—数据处理—研究 Ⅳ.① F713.32-39

中国版本图书馆 CIP 数据核字（2022）第 015139 号

责任编辑：石 倩
印　　刷：北京天宇星印刷厂
装　　订：北京天宇星印刷厂
出版发行：电子工业出版社
　　　　　北京市海淀区万寿路 173 信箱　　邮编：100036
开　　本：720×1000　1/16　印张：11.75　字数：264 千字　彩插：16
版　　次：2022 年 3 月第 1 版
印　　次：2025 年 8 月第 6 次印刷
定　　价：89.00 元

凡所购买电子工业出版社图书有缺损问题，请向购买书店调换。若书店售缺，请与本社发行部联系，联系及邮购电话：（010）88254888，88258888。
质量投诉请发邮件至 zlts@phei.com.cn，盗版侵权举报请发邮件至 dbqq@phei.com.cn。
本书咨询联系方式：（010）51260888-819，faq@phei.com.cn。

前　言

经常有人问我：如何转行成为数据分析师？如何提升数据分析能力？数据分析如何能落地？

也曾被咨询："你们的数据分析师日常输出什么？为何我们公司的数据分析师只是充当了取数工具，其他价值一无所出？"

而当我面对不同企业的高层领导时，经常回答同一个问题："你的团队能为公司带来什么价值？"

诸如此类问题，不胜枚举，总体而言，大家都很疑惑数据分析怎么做？数据分析如何驱动业务？数据分析的价值在哪？数据分析能为企业带来什么？这不仅是执行层的困惑，同时也是企业领导的困惑。

市场发展到现在，数据分析师职业在市场上其实相对成熟，但在实际工作中会发现强技术的分析师易找，具有业务思维或懂得数据应用的分析师一将难求，甚至有时候招聘需要筛选百份简历，历经数月。所以我常思考：我们对于数据分析职业及能力的认知，是否真的从业务需求中来，最终结果可以赋能于业务？

近年，有个岗位悄然兴起：数据运营。数据运营的目标是服务运营，核心前提是运用数据，它是将数据分析真正落地，进行数据变现的岗位。结合过往的项目来看，数据运营岗位工作非常复杂，它不是独立的数据分析，也不是独立的活动运营或者用户运营，所以国内市场乃至国外的数据运营人才都非常稀缺。数据分析职业因人力成本投入高，如果不能从分析走到运营变现，那么分析团队在企业中便难以生存。

从与出版社确定写书计划开始，我不断思考：事隔多年再次写书，我应该写些什么内容能够满足大家日常工作的需求？带着问题，综合上述林林总总的思虑及自身的工作、分析师团队招聘等经历，经过较为深入的思考后最终敲定了本书的写作方向：洞见数据价值，探索数据驱动运营。

为什么选零售行业？如何理解"新"零售？

从商业细分看，市场上业务形态多元，品牌零售企业相对较多。从某种程度而言，具备销售商品性质的企业都带有零售属性，不同的企业只是在人、货、场上有微小的差异，但数据分析方法是通用的。

"数据分析模型撬动新零售"中的"新"不仅指零售企业借助互联网实现线上线下融合的新场景，同时指零售企业借助数据分析手段颠覆传统的运营方式，真正走上"创新"的数据运营之路。

本书主要内容

本书主要介绍 12 个经典数据分析模型在零售企业的决策应用实战，着重介绍企业不同的业务场景会遇见的运营问题，针对不同的问题怎样选择分析模型，怎么分析？模型结果如何落地？

- 基础部分

第 1~4 章，内容相对简单。第 1 章是基础内容，打基石的部分，这是考虑到有些读者对数据分析应用或者利用数据可视化洞察业务具有入门的需求。第 2~4 章介绍的是常见且较简单的分析模型，帮助读者简单理解模型的决策支持。

- 进阶部分

第 5~10 章，较前面内容相对复杂，复杂的"点"可能在于决策应用，也可能在模型实现，将这些模型集中到一起，主要想帮助读者更进一步理解分析模型如何支持决策。

- 高阶部分

第 11~12 章，选取阿里巴巴公司目前针对零售品牌企业全域运营较为主流的营销模型，某种程度而言属于企业战略层操作。它们落地时需要将前面基础、进阶部分的分析模型融合在一起应用，所以这部分是本书数据分析模型系统应用的一个升华。从读者的学习路径来说，完成了对数据分析模型"基础认知—模型理解—理解决策应用"的完整学习链路。

本书内容特点

我曾和一个从事数据服务多年的朋友交流，他总结了多年的服务经验，他认为要解决甲方企业的业务问题，技术不是第一位，业务思维及数据落地应用地才是首要的，同时也是最难以突破的。所以我在对内容安排经过严密思考后，决定本书不讲工具，不限于工具，崇尚能够解决业务问题的都是优秀的工具。

（1）选用行业通用的经典分析模型，适用各种不同业务的企业（互联网亦可用），且具有可持续性。

（2）覆盖企业业务场景广：新零售、私域运营、客户分析、CRM……

（3）讲业务、讲商业，讲数据、讲分析，同时讲需要的技术。

（4）从业务问题思考、指标选取、数据分析思考、模型实现到结果应用全链路讲解。

（5）实战案例丰富，总能找到你所需要的。

（6）多数数据分析模型都有相关的实现工具推荐，不同的读者可以按需求选用。

（7）书中内容适用性广，可以适应多元化、不同层级及不同工作角色的读者。

（8）章节内容采用叙事性写法，阅读数据案例不枯燥。

读者对象 & 学习路径

（1）初级数据 & 商业分析师、欲转行人员：建议您先从第 1 章开始阅读，从基础开始，循序渐进。第 1 章对每个分析模型的逻辑进行了介绍，有助于初步理解数据分析模型。

（2）专业数据分析师：专业人士对书中多数分析模型较为熟悉，可以以阅读相关案例应用为主，理解思考模型结果如何落地，即如何从数据分析走到数据变现。

（3）专业数据运营人士：对于您来说，较为薄弱的可能是数据分析部分，可以主要阅读每个模型的逻辑原理、案例的业务思考、指标选取及完整分析思路，了解数据结果的来源很重要。

（4）业务决策者：如果您没有数据分析基础，建议先从第 1 章开始详细阅读，根据自己遇见的业务问题匹配出相应的分析模型，再各个击破。本书分析模型实现多数采用图形化的分析工具或者 Excel，对您同样很友好。

（5）强数据意识企业高层领导：可以着重关注不同分析模型适应的业务场景，以及案例阐述的业务问题。

（6）对数据分析或数据运营感兴趣的人员：可以根据自己喜好或者需求阅读。

内容勘误

作者个人的观点不是唯一且无比精确的，同时时间仓促，工作之余完成了本书，本书势必存在部分内容上的不足或者错误，欢迎读者批评指正。

个人微信号：binglingzi3344，有需要的读者可以联系我，"三人行必有我师"，期待我们可以相互学习，相互促进。

个人公众号：shujushangye（数据新商业），对大数据相关内容感兴趣的读者可以关注，将为您呈现更深入、更复杂的数据应用内容。

本书能够顺利完成离不开大家对我的支持和帮助，在此对默默支持帮助我的朋友们表示衷心的感谢。同时，一本书的上市更需要出版社编辑的呕心沥血，在此非常感谢电子工业出版社的石倩编辑对本书的指导和付出，也祝愿所有看到本书的读者工作顺利！

作 者

目 录

第1篇 零售企业基础分析方法应用

第1章 开启数据化业务洞察：基础分析方法　002

1.1　趋势分析　003
1.2　对比分析　005
1.3　分布分析　009
1.4　组成分析　013
1.5　关系分析　015
1.6　其他分析方法　017
1.7　本章小结　019

第2章 让客单价"飞"起来：购物篮分析　020

2.1　从经典故事的起源探索购物篮分析的奥秘　020
2.2　两个案例：购物篮分析数据化决策怎么用　022
　　2.2.1　模型适用的零售业务场景　022
　　2.2.2　案例1：不合时宜的服饰可以不打折清仓吗　025
　　2.2.3　案例2：如何轻松获取私域运营流量（新零售场景）　030
2.3　购物篮分析模型的实现　034
2.4　本章小结　036

第3章 擒贼先擒王，高效降本增益：帕累托分析　038

3.1　二八定律诞生的科学性　038
3.2　两个案例：帕累托分析数据化决策怎么用　040
　　3.2.1　模型适用的零售业务场景　040

3.2.2　案例1：降本增益，1500多个商品如何优化　　041

　　　3.2.3　案例2：企业的用户贡献分布健康吗

　　　　　　（CRM管理）　　045

　3.3　帕累托分析模型的实现　　049

　3.4　本章小结　　054

第4章　精准定位，业绩优化有方向：象限分析　　056

　4.1　象限分割的数学逻辑原理　　057

　4.2　两个案例：象限分析数据化决策怎么用　　060

　　　4.2.1　模型适用的零售业务场景　　060

　　　4.2.2　案例1：餐厅的菜品如何管理优化　　062

　　　4.2.3　案例2：纸业零售商如何提升门店业绩　　066

　4.3　象限分析模型的实现　　070

　4.4　本章小结　　074

第2篇　零售企业进阶分析方法应用

第5章　快速厘清自己，掌握外部形势：SWOT分析　　076

　5.1　SWOT分析的原理　　076

　5.2　两个案例：SWOT分析数据化决策怎么用　　079

　　　5.2.1　模型适用的零售业务场景　　080

　　　5.2.2　案例1：用户眼中的品牌是什么样的

　　　　　　（市场决策）　　081

　　　5.2.3　案例2：备选开店的3家购物中心该如何选择

　　　　　　（企业战略）　　085

　5.3　本章小结　　091

第 6 章　1 分钟梳理 10 万个用户的商业价值：RFM 分析　092

- 6.1　RFM 分析的逻辑原理　093
- 6.2　两个案例：RFM 分析数据化决策怎么用　095
  - 6.2.1　模型适用的零售业务场景　095
  - 6.2.2　案例 1：你的高价值用户在哪里（CRM）　097
  - 6.2.3　案例 2：打折清仓的靴子卖给谁（营销决策）　103
- 6.3　RFM 分析模型的实现　107
- 6.4　本章小结　110

第 7 章　不懂商业数据分析？先来听它说：杜邦分析　112

- 7.1　从经典起源看杜邦分析如何"解"　112
- 7.2　两个案例：杜邦分析数据化决策怎么用　114
  - 7.2.1　模型适用的零售业务场景　114
  - 7.2.2　案例 1：上个月的营业总成本为何这么高（财务分析）　117
  - 7.2.3　案例 2：如何快速学会商业分析（商业思维）　120
- 7.3　杜邦分析模型的实现　124
- 7.4　本章小结　125

第 8 章　谁动了指标的"情绪"方向盘：相关性分析　127

- 8.1　相关性分析是什么　128
- 8.2　两个案例：相关性分析数据化决策怎么用　130
  - 8.2.1　模型适用的零售业务场景　130
  - 8.2.2　案例 1：服饰公司的订货率为何骤跌　131
  - 8.2.3　案例 2：用户生命周期为何这么短（CRM 管理）　134

8.3 相关性分析模型的实现 136
8.4 本章小结 139

第 9 章 "人以群分"科学决策：聚类分析 141

9.1 "人以群分"的分类逻辑 142
9.2 两个案例：聚类分析数据化决策怎么用 143
    9.2.1 模型适用的零售业务场景 144
    9.2.2 案例 1：商品的精细化运营该怎么做 145
    9.2.3 案例 2：如何科学搭建会员等级体系（CRM 管理） 151
9.3 聚类分析模型的实现 154
9.4 本章小结 159

第 10 章 360 度了解"陌生人"的商业手法：用户画像分析 161

10.1 用户画像分析的基础 162
10.2 案例：用户画像分析商业化运营怎么做 165
    10.2.1 模型适用的零售业务场景及实现难点 166
    10.2.2 案例：快过节了，购物中心如何促活（用户运营） 167
10.3 用户画像分析模型的实现 172
10.4 本章小结 174

第 3 篇　零售企业全域数据运营高阶应用

第 11 章 帮助企业生存扎根：AIPL 消费全链路模型 178

11.1 AIPL 模型的逻辑原理 179

11.2　两个案例：AIPL 模型数据化决策怎么用　　183
　　11.2.1　如何支持零售企业用户运营　　183
　　11.2.2　案例 1：如何解决品牌用户增长难的问题
　　　　　　（私域运营）　　185
　　11.2.3　案例 2：如何高效达成本月销售业绩
　　　　　　（线上 + 线下）　　190
11.3　本章小结　　193

第 12 章　帮助企业业务长青：阿里两大营销模型　　194

12.1　提高消费质量：FAST 消费者运营健康度模型　　195
　　12.1.1　数据分析在 FAST 模型中的作用　　196
　　12.1.2　FAST 模型适用的业务场景　　197
　　12.1.3　如何提升"618 活动"业绩（用户运营）　　197
　　12.1.4　FAST 模型小结　　200
12.2　提升消费价值：GROW 品牌业务增长模型　　201
　　12.2.1　数据分析在 GROW 模型中的作用　　203
　　12.2.2　GROW 模型适用的业务场景　　204
　　12.2.3　如何实现"618 活动"高业绩目标（企业战略）　　204
　　12.2.4　GROW 模型小结　　206
12.3　本章小结　　206

第1篇
零售企业基础分析方法应用

在实际工作中，经常遇见业务部门的人询问什么是数据分析，数据分析能帮他们解决什么问题。

很多人刚入行时也经常面临同样的疑惑，所以本书开篇先从基础的可视化数据分析方法开始介绍。关于基础的可视化分析方法，书籍及网上的介绍多如牛毛，但本书侧重决策应用，所以对这部分还存在疑惑或者不是很清楚的读者可以仔细阅读。

基础的数据分析方法很难阐明数据分析的商业价值，所以第 2 章介绍经典的购物篮分析，通过购物篮分析的介绍，读者可以较全面地了解数据分析带来的商业变化。

帕累托分析和象限分析在零售业务中也属于常用且经典的基础数据分析模型，决策应用很广泛，具有很强的实用性，可以帮助解决业务中的诸多难题。

第 1 章

开启数据化业务洞察：基础分析方法

假设你是某零售企业的销售大区经理，在第 1 季度末，收到辖区内所有门店、品类及 SKU 的销售报表，密密麻麻全是数字的二维表。现在临近季度销售汇报还有 10 分钟，如果不凭以往的经验认知，思考以下两个问题。

（1）能否在这张销售报表中快速找出业绩增长最好和业绩增长最差的门店？

（2）能否在业绩增长最好和最差的两类门店里进一步定位出主要问题的品类和 SKU？

在实际工作中，很多人都会面临上述类似问题，想要快速在大量的数据里找到关键信息及有效信息，这是一件很有难度的工作。

如果换成另外一种情景：你拿到的是一份详细的数据分析报告，10 分钟之内找到上述两个问题的答案就轻而易举了。实现这个目标的前提是这份数据分析报告具有一定的专业度，采用了合适的分析方法和可视化图表，让报告自己开口"说话"。

所以，这里衍生出一个问题："在不同的业务场景下，我们应该采用何种数据分析方法及可视化图表来帮助高效决策？"

零售业的业务场景是多元化的，持久且有效的分析方法是有限的。本章先从基础的、常用的数据分析方法应用开始讲解，将基础的分析方法、不同分析方法应该选取何种可视化图表，以及分析方法适用的业务场景串联起来，帮助读者快速实现业务洞察，后续章节会介绍更深层次的分析模型和决策应用。

1.1 趋势分析

常用的趋势分析指跟踪数据指标随时间周期的变化而变化的情况，立足过去、现在不同的时间段的数据变化，挖掘业务现象的发展情况或者变化规律，一般情况下用于辅助预判业务的发展趋势。

1. 趋势分析适用于哪些零售业务分析场景

趋势分析是日常工作中比较常用的基础分析方法，特别是在销售场景中，由于所销售商品属性的不同，每家零售企业的销售变化都会在不同的时间点呈现出不同的销售规律。

除了观察销售变化情况，趋势分析还有很多适用场景，例如，观察一定时间长度的活跃会员数变化、新增会员数变化或流失会员数变化；企业销售订单数的变化、营收变化、应收账款变化、商品价格变化等诸多业务指标。

趋势分析适用的分析场景很丰富，包括但不局限于上述列举的分析场景，读者可以根据上述提到的几个场景进行思维扩散。

2. 趋势分析的经典可视化图表

趋势分析最经典的可视化图表是折线图（见图1-1），折线图是最基础的可视化图表之一，在销售工作汇报的报告中很常见，例如，月度销售额趋势分析、年度销售额趋势分析。

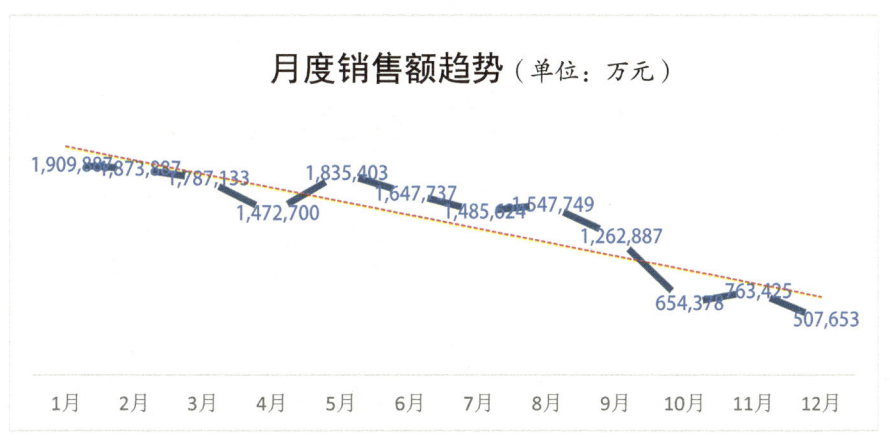

图 1-1

3. 趋势分析可视化图表的分析要点

趋势分析可视化图表展现的是数据指标跟随时间变化而呈现的趋势变化。分析的要点在于观察业务指标在不同时间点的数据升、降情况，以及整体数据在大方向呈现的发展趋势和规律。数值升降就是指数据的高和低，例如，从图1-1中可以看出4月是销售额的一个拐点，随后小幅上升，到了10月再度出现拐点，销售额低迷。

业务指标的大方向趋势指的是数据整体的趋势变化，不关注某个时间点上的指标数值的升与降，图1-1用一条虚线表示数据整体趋势，从这条趋势线可以看出整体销售额从1月到12月虽有小幅波动，但整体趋势向下。在跟踪销售额年度趋势变化的过程中，决策者如果能及时发现，并且进行战略上的方向调整或者战术调整，销售额可以避免一路下滑。

4. 趋势分析其他常用的可视化图表

除了常用的折线图，我们来看一下趋势分析还有哪些其他通用的可视化图表。

堆叠折线图（见图1-2）指同时观察多个指标在同一时间长度的变化趋势，以便进行指标之间的对比，例如，同时观察4个门店在过去6个月的销售额变化趋势。

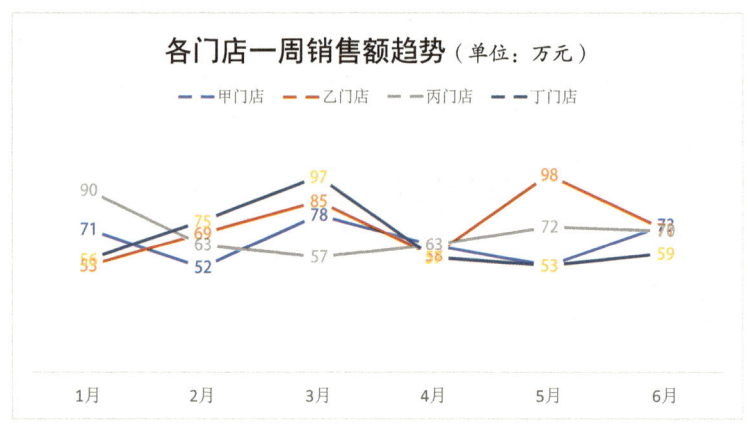

图1-2

面积图（见图1-3）同样用于观察指标的变化趋势，它与折线图的不同点在于用阴影面积构造出"量"的变化，某种程度比折线图更直观。还有堆叠面积图（见图1-4），与堆叠折线图同理，观察趋势变化的同时还可以进行多指标对比。

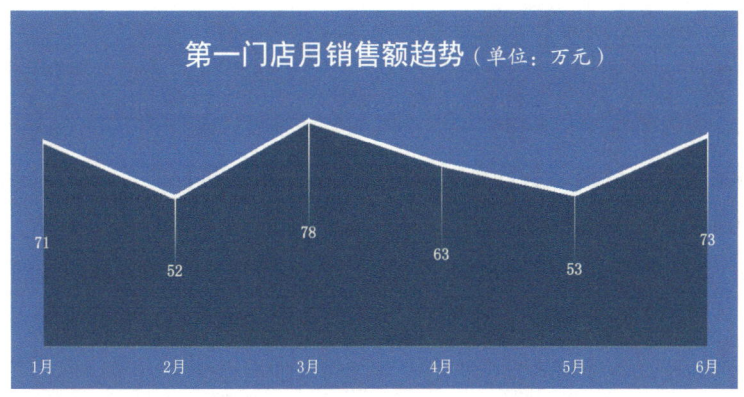

图1-3

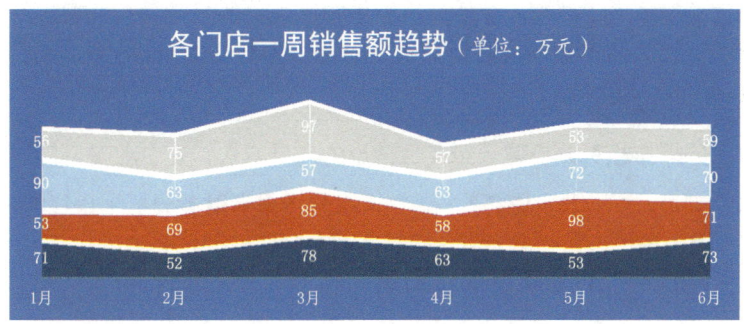

图1-4

1.2 对比分析

常用的对比分析指将同一业务指标放在不同维度上进行比较分析，据此观察业务指标在不同维度上的差异表现，通过与"合适"的对象进行对比，判断业务指标的优与劣。所以对比分析的重点在于"比"，选出合适且具有可比性的参照对象非常关键。

例如，将本月销售额和历史平均月度销售额进行对比，通过对比结果评判当月销售额是否达到历史平均水平，或已经超过平均水平。

1. 对比分析适用于哪些零售业务分析场景

对比分析是一种通用的基础分析方法，使用对比分析方法除了需要选取有意义的参照对象，参照对象与自身规模或分析维度是否在同一水平线上也至关重要。例如，将 A 门店的销售额和 B 门店的客单价进行对比，这种分析无任何意义，因为销售额和客单价属于不同的分析维度，无法相提并论。

对比分析与趋势分析同理，适用于分析零售业各种业务场景，总体来说可以分为以下两类场景。

（1）同一层级间对比，例如，对比不同门店间的销售额，找出业绩好的门店，对比不同业务员间的业绩，找出销售能力强的业务员。将处于同一层级的对象进行对比，主要目的是分析同一层级对象的指标优劣。

（2）与标杆对象对比，例如，对比当月销售额与历史平均月度销售额，评估当月销售额是否有问题；对比会员的复购率与行业复购率，评估自身企业复购率是否达标。将对象与标杆对象进行对比，主要目的是评估指标是否合适，以及还有多少改进空间。

对比分析与趋势分析属于经典且常用的分析方法，在企业各部门的工作汇报中非常常见，并不限于业务分析，在人事分析或者财务分析上也经常被使用。

2. 对比分析的经典可视化图表

对比分析最经典的可视化图表是柱形图（见图1-5）和条形图（见图1-6），柱形图和条形图与折线图一样属于基础通用的可视化图表，在销售工作汇报的报告中很常见，例如，不同年度的销售额对比、不同商品的销售额对比、不同门店的销售额对比等。

2018—2020年销售额对比（单位：万元）

图 1-5

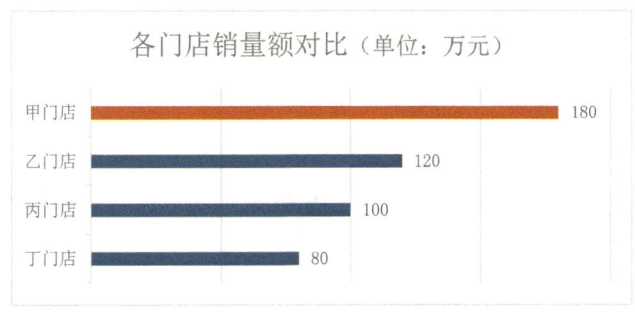

图 1-6

3. 对比分析可视化图表的分析要点

对比分析的目的是通过将业务指标与参照对象比较，了解业务的发展状况，进而挖掘数据背后的经营问题。

图 1-5 展示了企业 2018 年、2019 年和 2020 年三年的销售额，可以看出 2020 年销售额最高，2018 年销售额最低，这个数据结果背后的业务问题是，为什么 2020 年销售额最高？企业在 2020 年有什么重大战略上的调整或变化？还是外部市场竞争环境发生了较大的变化？

基础分析的可视化图表比较简单，呈现的数据结果是现象，透过现象挖掘数据背后的业务问题是所有分析的根本目标，只看指标数值的升降是无任何意义的。

4. 对比分析其他常用的可视化图表

除了常用的柱形图和条形图，我们来看一下对比分析还有哪些其他通用的可视化图表。

瀑布图（见图 1-7）指类似瀑布一样自上而下高低不同的柱形图，从瀑布图可以看出不同类别的累计量变化和组成项的总量高低，特别是在财务分析的场景，各项费用和成本、累计费用、累计成本一目了然。瀑布图一般用于对比分析，也可以用于组成分析，图 1-7 展现了所有组成项的费用情况，最后一根柱子是总计费用，总费用包含前面所有子费用项，通过瀑布图可以看出子费用与总费用的距离，以及各费用项之间数值的高低。

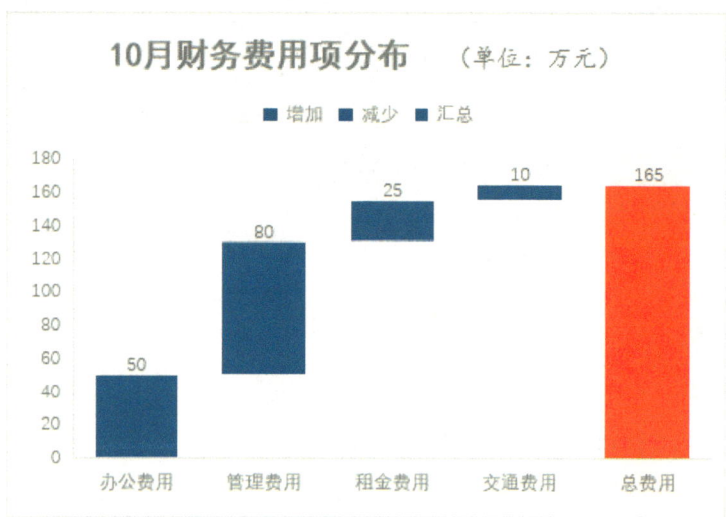

图 1-7

雷达图(见图 1-8)通常用于各指标间的数值对比,以同心圆点为坐标原点,越往外数值越高,指标高低非常直观。

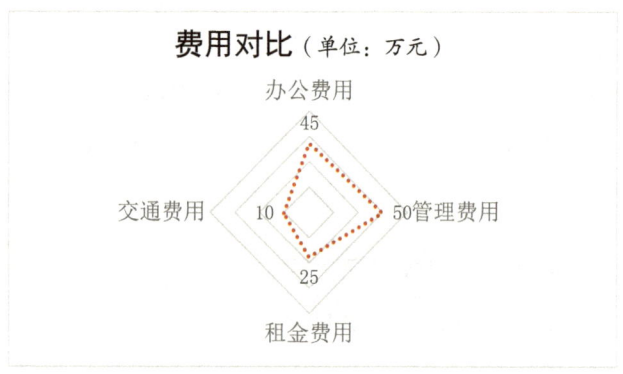

图 1-8

南丁格尔玫瑰图(见图 1-9)由不同半径的扇形组成,扇形面积越大表示指标数值越大,整体视觉效果较为夸张,形状类似饼图,但观察对比项或数值分布时较饼图直观,适用于对比项(组成项)较多且差异不大的情况,常用于对比分析和组成分析。

图 1-9

堆积柱形图与柱形图同理,只是在柱形图的基础上增加一个对比维度。如图 1-10 所示,我们不仅可以看出每个月上海和北京的总体销售额变化,也可以通过不同颜色的柱子高低,对比同一个月里上海和北京的销售额高低。

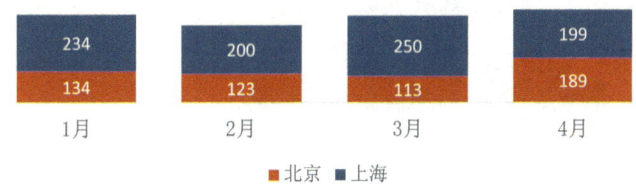

图 1-10

1.3 分布分析

分布分析简单理解就是观察事件发生的"点","点"可以是时间,也可以是地理区域或者数值段等,通过观察指标数值集中的分布特征规律,可以发现一些业务问题或者发展规律。

1. 分布分析适用于哪些零售业务分析场景

基于分布分析的逻辑原理,它适用的业务场景非常广泛,例如:

(1)一天中各时间点门店客流量的分布。

(2)会员购买客单价的主要集中价格段。

(3)用户消费频次分布。

(4)企业商品的利润空间分布、成本分布。

分布分析适用的业务场景包括但不限于上述举例,读者可以从这些场景的特点进行延伸,将分布分析应用到更多的业务场景中。

2. 分布分析经典的可视化图表

分布分析最经典的可视化图表是直方图(见图1-11),直方图主要统计在不同的组距中业务现象发生的频数,常用于观察消费频次分布、人数分布、客流量分布等场景。在较高版本的Excel中,准备好数据源可以直接绘制直方图。

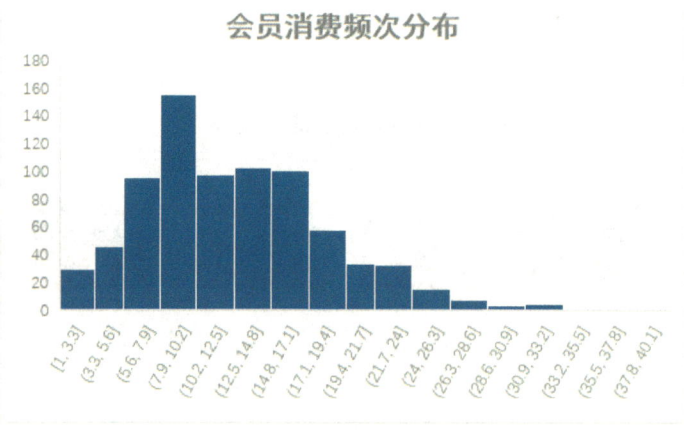

图1-11

除了直方图,分布分析常用的可视化图表还有散点图(见图1-12),它的应用也很广泛,主要用于描述两个指标变量间的关系和分布模式,平面坐标上的点数越多越好,因为数值越"密集"越能反映出数据的集中规律和发展趋势,越有利于业务现象的判断和决策应用。图1-12展示了单品的销量和毛利率的分布关系,可以看出单品销量多数集中在20000件以下,毛利率在35%以内。

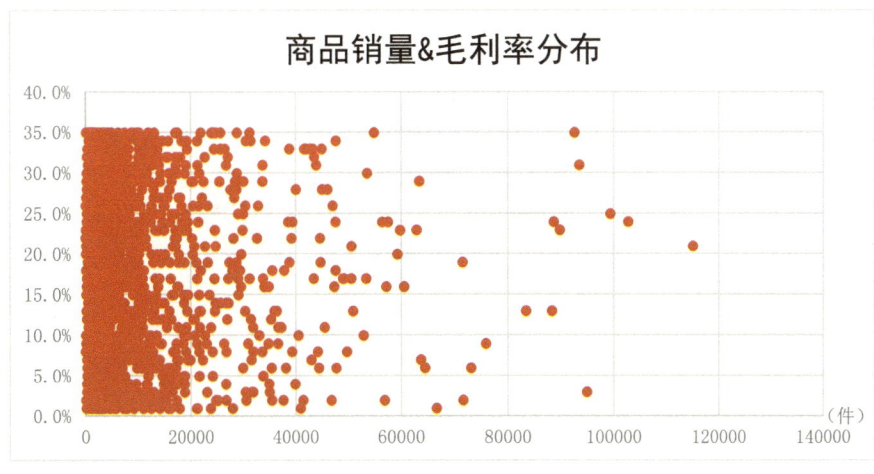

图 1-12

3. 分布分析可视化图表的分析要点

分布分析可视化图表主要观察指标数据集中的"点",分析要点在于找到数值大量集中的位置。例如,直方图的"点"指的是频次区间,从图 1-11 中,我们可以清晰地看出会员人数在消费频次为 5 次至 17 次这个区间最多,消费频次从 17 次之后会员人数逐渐减少,整体会员消费频次主要集中在 17 次以内,17 次是业务决策的关键频次转折点。

4. 分布分析其他常用的可视化图表

除了常用的直方图和散点图,我们来看一下分布分析还有哪些其他通用的可视化图表。

气泡图(见图 1-13)与散点图同理,它是在散点图的基础上增加了一个或两个维度,气泡图的维度增加需要借助专业的 BI 工具来实现,例如 Tableau 和 Power BI,最多实现四维数据观察,Excel 一般可以实现 x 轴、y 轴及气泡大小三个维度。

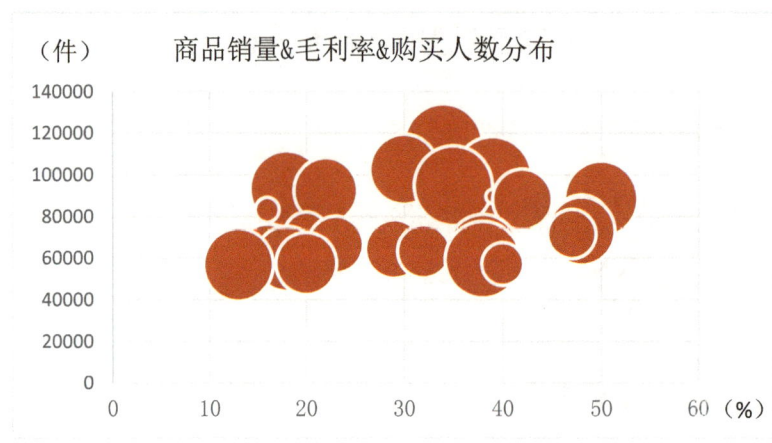

图 1-13

热力图（见图 1-14）主要利用颜色深浅来表示"量"的大小，热力图在线上网页分析较常使用，用来表示网页上不同的功能模块用户点击的热度分析，在零售企业数据分析中，通常用来分析销量的高低，颜色越深的区域表示销量越高。这里销量可以换作其他的业务指标，例如会员人数、购买人数、订单数等。

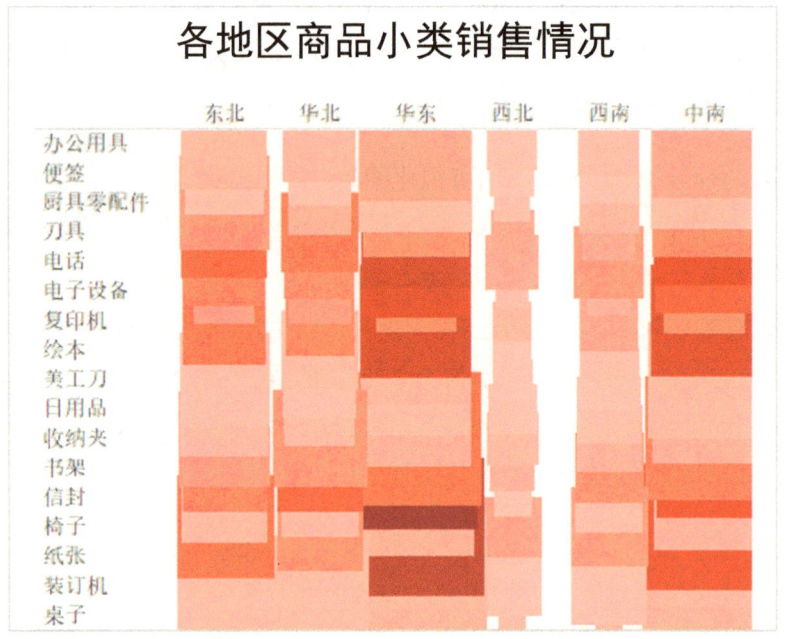

图 1-14

1.4 组成分析

组成分析通常指一个数据项由多个子项组成,通过可视化图表,可以直观看到每个子项占据的比例。

1. 组成分析适用于哪些零售业务分析场景

组成分析适用的业务场景非常广泛,例如:

(1)分析财务费用构成。

(2)分析企业各渠道贡献的商品销量。

(3)分析企业各品类贡献的商品销量。

组成分析适用的业务场景包括但不限于此,读者可以根据这些场景进行延伸,具有相似特点的业务场景都可以使用。

2. 组成分析经典的可视化图表

组成分析最经典的可视化图表是饼图(见图1-15)。饼图以圆为基础,圆代表总体,不同半径的扇形表示不同的子项,通过饼图可以直观看到每个子项占据总体的比例是多少。

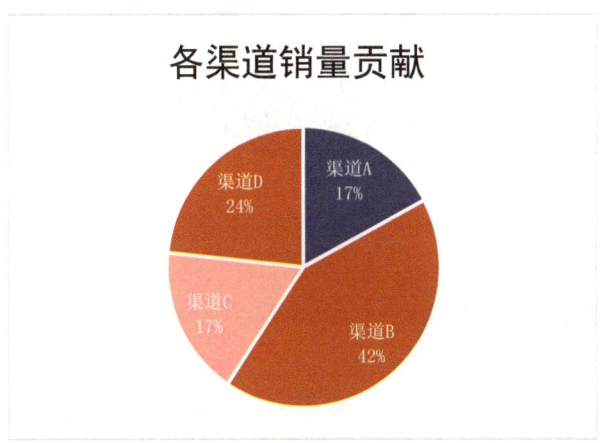

图 1-15

3. 组成分析可视化图表的分析要点

组成分析可视化图表的子项必须大于1项,才能看出结构组成及各子项占比。组成分析可视化图表的分析要点在于观察占比比较高和占比比较低的子项，占比较高意味着该子项对总体贡献比较大或者影响比较大。例如，如图1-15所示，渠道B销量贡献占比42%，即这个渠道比较优质，渠道A和渠道C贡献较少，可以考虑进行优化或者资源调整。

由于圆形空间有限，子项不宜过多，如果子项过多，占比则无法清晰展示。在实际工作中，如果分析的子项大于10项，建议使用树形图。

4．组成分析其他常用的可视化图表

除了常用的饼图，我们来看一下组成分析还有哪些其他通用的可视化图表。

环形图（见图1-16）与饼图同理，形状类似但略有区别。表达的业务现象与饼图一样，不再赘述。

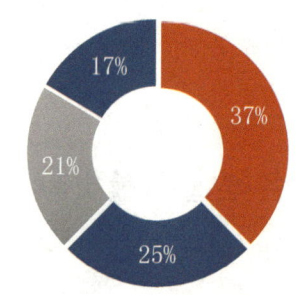

图1-16

在对比分析中，我们介绍过南丁格尔玫瑰图，除了用于各类别的比较分析，同样可以展示各类别子项的占比情况。

树形图（见图1-17）是由不同大小的长方形组成一个大长方形，大长方形表示总体，每一个小长方形表示子项。树形图会根据小长方形的面积从大到小组合排列，可以展现的类别子项数比饼图多，但子项如果过多，则会出现无法看到面积的情况，此时建议做Top分析，或者直接改用条形图来展示。

图 1-17

1.5 关系分析

关系分析指分析两个指标变量的相关性关系,关于相关性分析,更严谨的做法是,并不单看可视化图表的结果,详细内容见第 8 章,这里只进行简单介绍。

1. 关系分析适用于哪些零售业务分析场景

在需要描述两个指标变量或者 2~4 个指标变量间的关系时可以使用关系分析。例如:

(1)销量和利润间的关系。

(2)复购率和销量间的关系。

(3)会员消费频次和销量间的关系。

(4)促销时间和促销销量间的关系。

关系分析适用的业务场景包括但不限于此,读者可以根据这些业务场景进行延伸,具有相似特点的业务场景都可以使用。

2. 关系分析经典的可视化图表

关系分析最经典的可视化图表是散点图(见图 1-18)。散点图在介绍分布分析时讲过,它同样适用于描述两个指标变量的相关性关系,x 轴和 y 轴单独表示一个变量指标,散点图可以展示当 x 轴值变大时 y 轴值的变化情况。

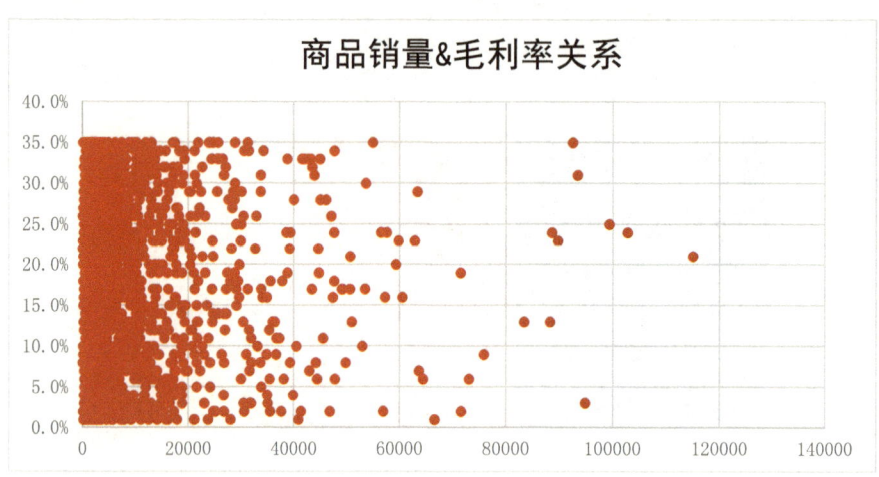

图 1-18

3. 关系分析可视化图表的分析要点

关系分析可视化图表用于描述两个指标变量的相关性关系，所以它的分析要点在于观察 x 轴值和 y 轴值的正负向发展关系。当 x 轴指标值自左向右逐渐增大时，y 轴数据自下向上逐渐增大，则两个指标呈正向相关关系。如果 x 轴值越大 y 轴值越小，则两个指标呈负相关关系；如果两个指标值没有正向和负向的关系，则这两个指标无任何相关性关系。

散点图除了展示数据关系，也可以展示数据分布，请参考 1.3 节。

4. 关系分析其他常用的可视化图表

除了常用的散点图，我们来看一下关系分析还有哪些其他常用的可视化图表。

气泡图（见图 1-19）在 1.3 节介绍过，同时，它也适用于关系分析，多数情况下可以增加 1 至 2 个维度进行更深层次的关系观察。从图 1-19 中可以看到，除了 x 轴、y 轴两个指标维度，还有颜色及大小两个维度。实现这种效果需要借助专业的 BI 工具，例如 Tableau 或者 Power BI，Excel 比较难以实现。

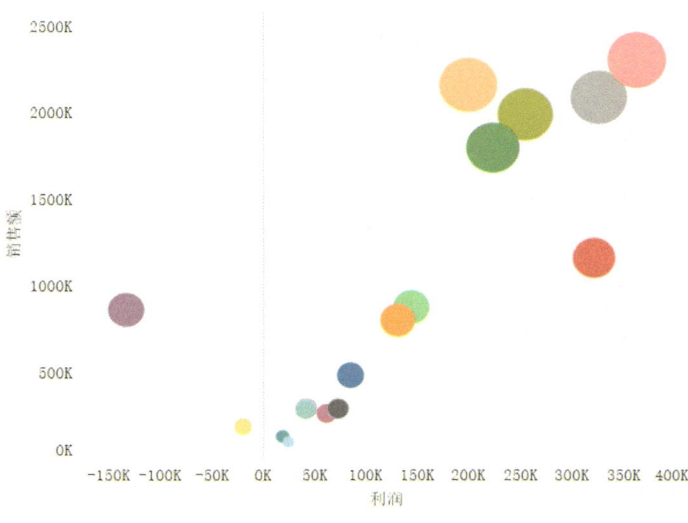

图 1-19

1.6 其他分析方法

在零售业日常工作场景中,除了上述提到的几种较为常用的基础分析方法,还有一些适用范围不是很广,更多适用于线上分析的可视化图表,简单介绍一下供读者在特殊场景下使用。

1. 进度分析

进度分析指展示事件的进度,例如,销售目标达成、库存需求满足率、缺货率等。

进度分析常用到的图形是仪表盘(见图 1-20),仪表盘类似汽车上的仪表盘,指针表示进度达成,整体销售目标的达成情况通常会用它来表示,进度直观清晰。

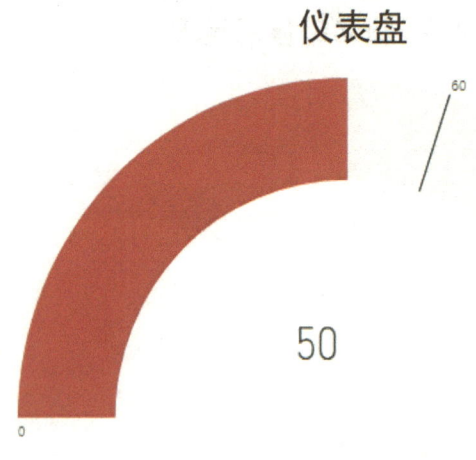

图 1-20

2. 漏斗分析

漏斗分析,顾名思义就是形如漏斗层层过滤分析,该分析方法常用于线上分析,表示流程的不同环节的转化率。零售业适用的场景较少,除非特殊业务场景。例如,新零售业务分析中做小程序引流效果分析,我们可以使用漏斗图来表示引流完整路径中从小程序扫码登录、浏览商品、生成订单、支付订单,到完成交易的分步环节的转化率,或者将漏斗分析用于分析会员不同生命周期的转化情况(见图 1-21)。

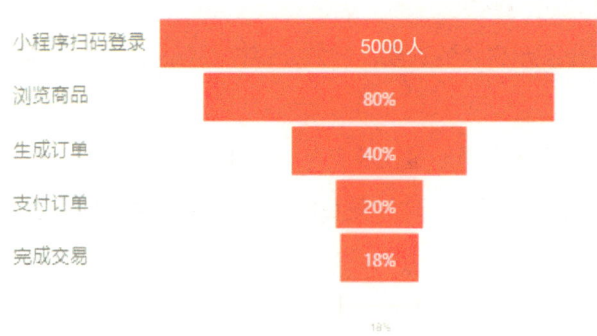

图 1-21

3. 流向分析

流向分析指的是事物具有特定方向性的走向分析，该分析方法常用于线上分析，特别是网页流量归因分析。零售业适用的场景较少，除非特殊业务场景。流向分析所展示的分类归属很清晰，所以在有需要分类归属的业务场景中也可以使用（见图 1-22）。

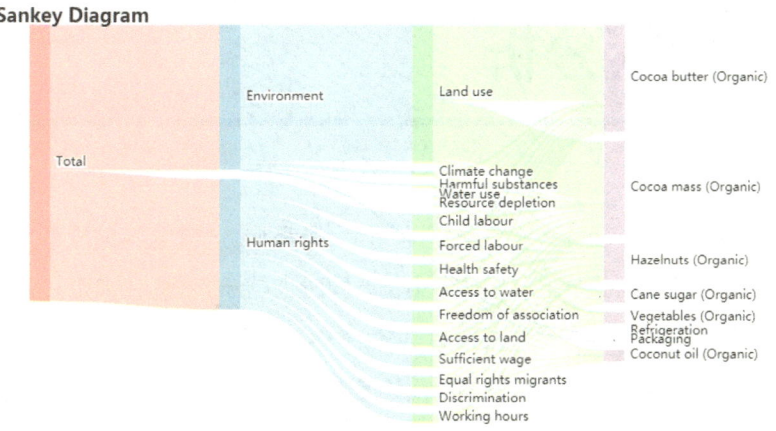

图 1-22

1.7　本章小结

本章主要介绍基础的数据分析方法，主要讲解一些日常工作中专业数据分析师及非专业人员都需要使用到的常规数据分析方法。这些分析方法在日常工作汇报中有着举足轻重的作用，不仅可以快速进行业务洞察决策，也可以为工作汇报加分添彩。

在介绍每一种基础分析方法时，我们列举了大量经典的可视化图表，这些可视化图表简单又重要。在专业的 BI 分析中，这些可视化图表也是不可或缺的组成部分。

数据分析是开始，不是结束。不管数据分析方法是简单还是复杂，它都只是用于反映业务现象的结果，探究数据背后的业务问题才是数据分析的本质目标，分析方法和可视化图表都是为了服务业务决策而存在的。

第2章 让客单价"飞"起来：购物篮分析

很多人可能不懂什么叫数据分析，但大概都听过一个经典的故事：啤酒与尿布。它不仅是营销界非常经典的案例，同时也是分析模型的典范。

能够在超市繁多的品种与不计其数的 SKU 中找到啤酒和尿布的关联是超出常理的一件事，因为这两件商品无论是属性应用，还是商品分类，都是不相关的，所以就衍生了一个问题：什么样的因缘际会让这两件相距甚远的商品美好地相遇了呢？

2.1 从经典故事的起源探索购物篮分析的奥秘

我们先简要重温一下啤酒与尿布的经典故事。

故事源于庞大的沃尔玛超市，销售人员通过分析小票数据发现了一个有趣的现象：啤酒和尿布经常出现在同一笔销售订单中。

大卖场的商品陈列一般都是先分大类，然后分小类来进行陈列。啤酒和尿布，一个在食品区，一个在日用品区。从陈列位置来说相距甚远，要从这个陈列架跑到那个陈列架需要一定的时间，那为什么这两件商品会被同一个用户青睐呢？

后来，经过一系列的现象观察和调研，超市人员终于发现这个现象存在于一个特殊的购物群体中：年轻的爸爸。

原来，由于美国家庭的分工模式，一般女性在家里照顾小孩，年轻的爸爸出门买尿布，而尿布对新生婴儿来说属于一件快速易耗品，换到消费的角度来看就是购买尿布属于高频的购买行为。年轻的男性喜欢喝啤酒，同时啤酒也属于快速易耗品，年轻的爸爸去购买尿布时再顺手购买一些啤酒，从业务逻辑来看是符合常理的。

发现了这个业务现象后，超市人员很快调整了商品的陈列位置，让尿布和啤酒这两件没有任何关系的商品成了"邻居"，以方便来购买尿布的年轻爸爸。因为两件商品陈列在一起，年轻的爸爸同时购买无须耗费多余体力，增加了单次购买啤酒与尿布的数量，超市的营业额随之提升。

到这里，"啤酒与尿布"这个故事从被发现、被分析，到被应用的完整链路就形成了。

由于啤酒与尿布都是出自超市的"购物篮"，所以发现啤酒与尿布的分析方法就有了一个美丽的名称：购物篮分析。也有人从统计学实现的角度，将其命名为关联分析，或者基于业务应用命名为交叉销售。

从啤酒与尿布这个经典的故事当中，我们可以非常清楚地了解到购物篮分析的原理。通俗地说，就是企业从一堆订单中，通过一定的数据技术手段找到两个或两个以上会同时被购买的频项商品，以此提升销售业绩。

一般来说，购物篮分析在企业售卖的商品品种丰富的情况下更具有分析的价值。如果售卖的商品品种比较少，则完全可以按照排列组合的数学逻辑进行业务测试。

零售业为什么要做购物篮分析？

了解了购物篮分析的原理后，很多人依然无法理解：零售业为什么要做购物篮分析？要回答这个问题，我们先来看一下这样的情景：一位年轻的爸爸在时间非常有限的情况下外出到超市购买尿布。

如果将啤酒与尿布的陈列架的距离放进面积非常大的超市中来看，两件商品陈列架之间的距离并不算远，但是对这样的一位爸爸而言，在超市里多花1分钟可能都会觉得是在浪费时间，所以由于时间的关系，他在买完尿布后大概率会直接回家。

假设这家超市一包尿布售价50元，一瓶啤酒售价10元，年轻爸爸买完尿布直接回家，他的客单价就是50元。如果买尿布的同时又买了啤酒，那么他的客单价就是60元。众所周知，啤酒是按餐来消耗的，所以一次只买1瓶的概率比较低，购买 2 瓶或者 3 瓶的概率比较高。如果购买 3 瓶啤酒，他的客单价就是 80 元。

从以上情景分析中可以看出，如果一位顾客一次性同时购买多件商品，这位顾客的客单价就会提升很多，所以做购物篮分析最直接的商业目的是为了提高顾客单次对企业的贡献价值，也就是我们常说的客单价。

如果月销售额 = 客单价 × 顾客数，那么要提高月销售额，从提高顾客数入手其实是一件很难的事情。因为不管是卖场还是便利店，在开店选址时都是经过严格的客流量测试的，基本是服务周边顾客，所以客流量很容易面临"天花板"。相比之下，提高客单价是比较容易的一件事，因为它的"天花板"比较高。

2.2 两个案例：购物篮分析数据化决策怎么用

通过 2.1 节，我们分析了啤酒与尿布的经典案例，了解到什么是购物篮分析，分析了零售业做购物篮分析的基础商业目的。沃尔玛的企业规模很大，卖场销售的 SKU 非常丰富，所以通过购物篮分析可以挖掘出啤酒与尿布的经典组合。换做其他企业，如果照抄沃尔玛的"作业"，除了大型超市这种 SKU 同样非常丰富的卖场有实际应用价值，其他企业因为数据体量偏小或商品品类不够丰富，可能很难找出"啤酒与尿布"这样经典的组合。

其他企业应该如何利用购物篮分析模型呢？我们需要认识到啤酒与尿布的故事是在讲述一种关联分析的方法，教会我们可以在看似没有关联的物体之间寻找潜在的商业关系来帮助企业变现。在实际应用过程中，由于行业里每家企业都有不同的业务形态和企业规模，所以购物篮分析模型在实际应用中需要具体情况具体分析。

2.2.1 模型适用的零售业务场景

零售业中有非常多的业务场景，每一个业务场景不可能只有一种分析模型。而同样的一种分析模型如果上升到一种分析思路，那么它能覆盖的业务场景就会非常多，能够帮助企业解决一些难以剖析的实际业务问题。同理，我们不将购物篮分析模型固化在一个方向上，可以将它理解为一种分析思路，则会适用更多的业务场景。

1. 内部购物篮关系应用

这里的内部购物篮关系应用指的是，对企业内部的商品进行关联性分析（见图 2-1），啤酒与尿布就是一个典型的范例。啤酒与尿布都是沃尔玛超市陈列架上在售的商品，在在售的商品中找到啤酒与尿布的销售关系就是内部购物篮关系的应用。

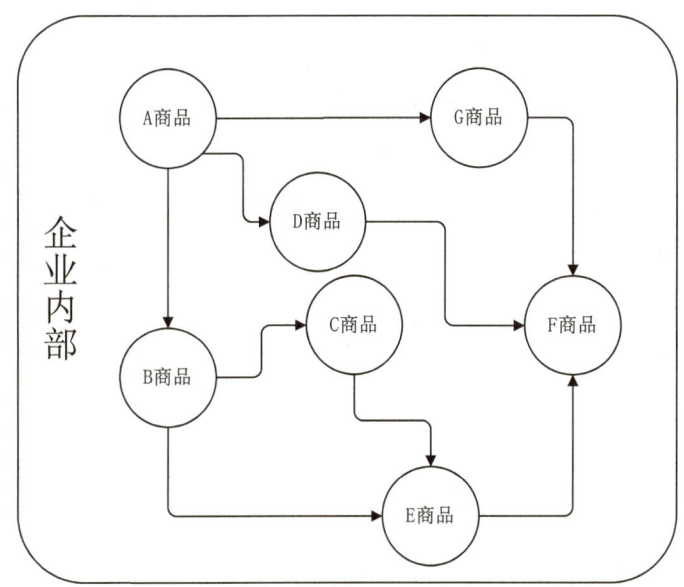

图 2-1

考虑到零售企业实际的业务，下面列举一些内部应用的场景来帮助读者拓展分析应用的思路。

- 临期品清仓：很多零售企业的商品都有一定的保质期，临期品非常常见，特别是售卖食品的企业。如果临期品是畅销款，商品降价幅度大一点就可以清仓；但如果临期品属于非畅销款，清仓还是具有一定难度的。在这种业务场景下，就可以利用购物篮分析模型找到能够带动这款临期品销售，且具有一定销量的旧商品。
- 新品上市：商品因为"新"，没有固定的消费群体，也就是我们常说的"老用户"，所以要打开市场具有一定的难度。如果是食品类商品，本身商品价格不高且消耗周期非常短，打开新市场的能力是比较强的。如果新品是护肤品，很多人由于肤质不同容易过敏，特别会重点考虑商品配方和商品功效两个因素，多数人会选择已经使用过的商品，所以新品打开市场很难。在这种业务场景下，就可以通过对历史数据的购物篮分析来找到适合带动新品且具有一定销量的旧商品。

以上两个业务场景都是基于特殊销售的角度来考虑的，那么在内部购物篮关系应用上还有一种可用的业务场景，就是正常的营销活动。

- 制定合适的消费满减门槛：如果促销活动是采用满减的营销策略，那它需要一个合适且有效的门槛为商品销售带来更多的成交用户量和更高的客单价，所以，在制定满减的优惠门槛时不应采用拍脑袋的方式来达成，而是要使用比较严格的数据分析方法来实现，例如购物篮分析。

- 基于人群属性做推荐：假如有一家销售保健品的全国连锁经营店，多数保健品会带有治未病的功效，它所面向的是一群除了需要基础营养品补充，还有一些疾病倾向，且带有各种不同"属性"的用户群体。例如，南北方由于天气的差异性，保健品销售会随着购买人群所处地域的不同而呈现一定的地域性，所以销售保健品的企业可以从地域的销售数据中寻找人群潜在的关联需求来进行商品的推荐。

- 品类推荐：在市场竞争这么激烈的时代，市面上找不到替代品的商品并不多，多数情况下整个市场的商品同质化非常严重。如果一个用户在一家企业长期只购买一类商品，也就是企业只有一类商品和用户连接，这个关系就会非常脆弱。所以，我们要做的是努力提高用户与企业的黏性。具体措施就是给用户推荐另一个品类或者将另一个品类与用户经常购买的品类商品进行捆绑销售，以此增强企业与用户的商业关系。

- 货品陈列：这就是啤酒与尿布故事的应用场景。很多便利店或者超市、大卖场，以及比较大的美妆店、各种零售品牌线下连锁门店都面临货品最优陈列的问题。还有一种场景就是餐饮店中的点菜单，但餐饮店菜单的应用还与设计、文案有关系，是多重因素影响了最终陈列效果的优劣。

以上是购物篮分析在传统零售行业中的应用场景，如果将它放到线上，应用场景就更广了,例如,亚马逊网站的图书推荐、淘宝网站的商品推荐等。

2. 外部关联关系应用

什么是外部关联关系应用?从企业角度来说,就是将非企业内部的内容进行关联关系分析(见图2-2)。比较简单的联系,例如,雨伞和天气、羽绒服和天气,这两组内容都是非常显性的联系,不需要任何数据分析就可以知道的关联关系。在实际生活中,还有一些具有相对隐性联系的,例如,凉皮的销量和天气的关系、麻辣烫的销量和天气的关系、鲜花的销量和女性节日的关系等。

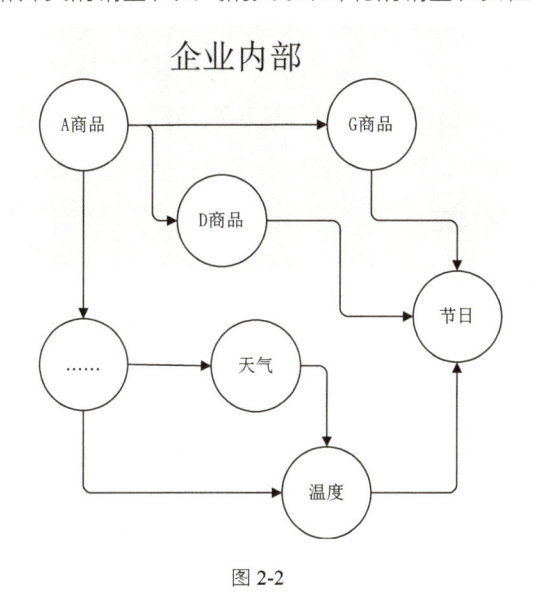

图 2-2

研究外部关联关系应用的业务场景,其实是研究影响企业内部商品销售的外部因素。这个外部因素可能是旁边新开了一个商场,也可能是看不见摸不着的天气,或者是一些概念性的节日。总的来说,外部关联关系应用是通过购物篮分析去寻找或者验证可能对企业内部商业变现产生影响的企业外部因素。

2.2.2 案例1:不合时宜的服饰可以不打折清仓吗

A是一家全国连锁女装零售企业,在一二线城市都设有门店,同时一直紧跟时代的步伐,布局了小程序和微商城,将新零售做得有声有色。此前,企业的商品销量一直不错,近期,企业领导发现紧身牛仔裤这一品类的销量从线下到线上都有一定比例的减少。之前未曾预料到销量会骤然下滑,所以未做严谨的市场调研，今年的生产量还是照常。现在因为销量的减少，紧身牛仔裤的库存积压有点严重。

在服装行业中，服装的款式更新很快，每年都会流行新款。如果紧身牛仔裤确实过时了，明年可以停产，但目前积压的裤子只能打折清仓，或者销毁，或者转卖给专门做清仓折扣的门店。但无论选择哪一种做法，A企业都面临着较高的折扣成本，以及品牌口碑下滑的风险。

有的服饰品牌会对品牌有非常高标准且执着的追求，在任何情况下都不对品牌进行降价销售，认为只有这样才能保住用户眼中的"高价值"。因为一旦商品被定位为高价值，大家就会自动将它与高品质关联起来。

如何将这批积压的紧身牛仔裤尽快销售，成了A企业目前急需打破的困局。

企业领导多方思考后，想到了数据驱动，于是找到数据分析团队，希望他们能给出一个好的方案。

数据团队接到任务后，为了快速找到数据分析的突破口，开始对业务问题按逻辑进行拆解（见图2-3）。

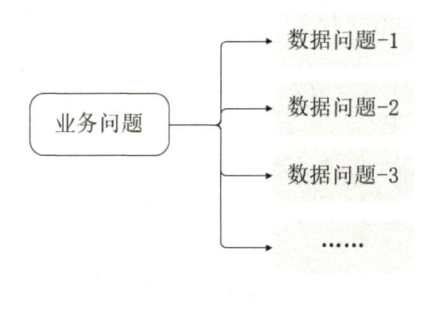

图 2-3

1. 业务问题思考

（1）紧身牛仔裤是真的"过时"了，还是因为市面上突然新增了竞争对手抢占了市场份额？

（2）商品的质量是不是不如以前？因为对商品质量初把控有所松动，所以导致用户满意度下降？

（3）紧身牛仔裤的特点是什么？解决用户什么样的穿搭需求？

（4）是否可以基于用户的需求解决问题？

(5)……

(因本书篇幅有限,我们只列举以上4个问题来分析,在实际工作中可能还会有其他的影响因素需要思考。)

2. 业务问题分析

(1)牛仔裤是否过时的问题需要研究市场上的主流品牌销售数据,以及市面上竞品的铺货、销售数据和目前穿搭的流行趋势。

(2)市面上是否出现新的竞争对手?这个问题需要走访几个特定的商圈进行市场调研,以及去了解几个大的电商平台的品牌销售排名。

(3)紧身牛仔裤本身的特点是什么?解决用户什么样的穿搭需求?这个可以通过对一些女性进行访谈,或者关注一些新媒体及网络上穿搭博主的反馈来搜集信息进行数据分析。

(4)从用户需求的角度考虑,女性所购买的包括上衣、外套、吊带、牛仔裤、西裤等服饰都不是基于对某个单品的需求,她们非常重视穿搭的协调性和美观性,所以可以对企业的历史销售数据进行一轮数据分析来挖掘她们在不同场景下对穿搭的需求。

以上(1)(2)(3)项问题的结论可以对症做一些策略来帮助解决,我们着重看一下第(4)项,对企业历史销售数据做分析,这项工作于数据团队而言比较快速且高效。

3. 数据分析

第(4)项的分析就是我们本章节所介绍的购物篮分析,在源头取数上,我们可以取出不同小票的销售数据,基本信息包括订单ID、单品名称、购买数量、购买金额、折扣金额等(见表2-1)。

表2-1

订单ID	单品名称	购买数量	购买金额	折扣金额

紧身牛仔裤适用的穿搭场合较多,且适用多个季节,所以分别抓取夏季、秋冬季,还有南方地区的销售数据,进行购物篮分析。经过对数据清洗、加工、建模以后,部分数据结果如下。

（1）夏季销售数据的购物篮分析结果（见表 2-2）

表 2-2

项集	支持度	置信度	提升度
紧身牛仔裤，B001 吊带	0.67958	0.56	0.43
紧身牛仔裤，AA08 衬衫	0.58988	0.54	0.45

（2）秋冬季销售数据的购物篮分析结果（见表 2-3）

表 2-3

项集	支持度	置信度	提升度
紧身牛仔裤，A01 毛衣	0.657546	0.67	0.55
紧身牛仔裤，F00 上衣	0.62543	0.71	0.65

（3）南方地区销售数据的购物篮分析结果（见表 2-4）

表 2-4

项集	支持度	置信度	提升度
紧身牛仔裤，C02	0.6564	0.599	0.611

基于此次数据分析结果，现将其描述为业务现象描述。

（1）今年购买紧身牛仔裤的全国会员较去年减少了 5000 人，这 5000 人多数属于老用户，其中有 3500 人没有完全流失，仍然持续购买企业的其他商品。

（2）在夏季购买紧身牛仔裤的订单中，经常同时出现 B001 型号款的宽松吊带，以及长款宽松的衬衫 AA08。

（3）在秋冬季购买紧身牛仔裤的订单中，经常同时出现 A01 型号的高领宽松毛衣，还有紧身的针织衫 F00。

（4）在紧身牛仔裤的所有销售尺码中，XS 号和 S 号卖得最好，在南方部分城市的订单中经常同时出现短款白色 T 恤 C02。

4．业务决策应用

基于以上的业务结论，数据团队内部经过一轮商讨，同时考虑到数据结果落地效果不一定能达到 100%，数据有时候会说谎，所以重新做一轮数据探索后，给出了以下落地建议。

（1）选取应用测试人群：首先选取以上业务现象描述（1）中的 3500 人，这些人都是老会员，所以企业内部 CRM 系统对会员的手机号、所在城市和生日有完整的记录。

（2）过滤业务现象描述（1）中的应用测试人群：分析这3500人的历史购买数据，筛选出购买过XS、S、M尺码的会员共计2500人。

（3）策略制定：现在是夏季，优先对数据结论中的B001款吊带和紧身牛仔裤进行捆绑销售，制定B001和紧身牛仔裤搭配的直播间销售价格。同时，挑选出和B001款式差不多的其他款吊带，并且制定这些吊带和紧身牛仔裤组合成套的直播间销售价格。

（4）人群触达：对第（2）项中过滤出的2500人进行直播时间推送，渠道包括所有能触达到的渠道，推送内容除了告知直播时间，还送出一定折扣额度的优惠券。

（5）挑选颜值、身材和口才相对优秀的主播进行直播方案商讨。

（6）人群复盘：直播结束后，要对参与转化率和购买转化率两个指标进行详细的分析，并且对购买转化的用户群体再次进行特征分析，根据这些人群特征找到更多适合直播推广的人群。

（7）如果第（6）项分析的购买转化率指标达标，则可以制定其他的款式搭配组合再次进行直播推广。

以上方案制定好后可以提报给领导，让领导将任务下发到运营团队去优化执行。

至此，本案例所传达的从发现业务问题、分析问题、利用购物篮分析数据，然后反推到业务决策的数据分析思路就完整了（见图2-4）。在这个思考的过程中，不管是数据分析师，还是业务方都会面临各式各样的问题，重点是要抓住问题的主干进行层层分析，灵活地将购物篮分析模型应用起来，最后支持业务决策。

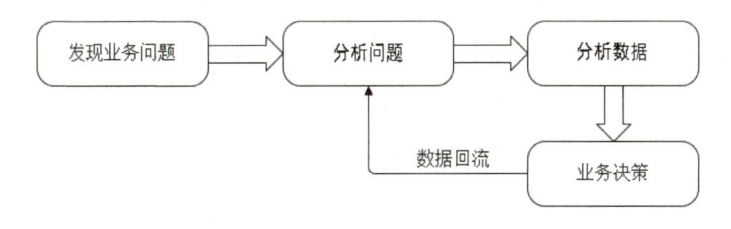

图2-4

5. 案例小结

服装零售是一个非常典型、历史较为悠久，且数据也相对丰富的传统零售企业，所以业务多元且复杂。在不同业务场景下，数据分析首先要有一个正确的分析方向。如果方向错了，那么所有的分析都将失去价值和工作意义，所以本案例的目的在于，层层解析数据分析及落地应用（发现业务问题、分析业务问题、问题对症解决思路、取数场景分析、分析结论提炼、业务决策应用）的思路。

在案例讲述中，数据结果应用占据较多篇幅，因为不能落地的数据分析结果没有任何价值和意义。找到能够支持落地应用的数据分析结论才是数据团队最终的工作成果。

全篇案例无法罗列实际的取数和分析过程，取数工具和分析工具的相关教程读者可以参阅其他资料，我们在 2.3 节的工具实现中也会讲述购物篮分析模型的几大实现途径。

2.2.3 案例 2：如何轻松获取私域运营流量（新零售场景）

案例 1 完整阐述了数据分析及落地应用的全过程，案例 2 的分析思路与案例 1 基本一致，所以案例 2 简化过程描述，我们主要阐述购物篮分析如何支持新零售应用的业务场景。

现在谈零售业，并不单指传统零售，因为新零售已经高度渗透到传统零售行业。很多企业都在变革，实现全渠道销售是必须要实现的目标。目前，站在风口的业务形态是私域运营。

在介绍私域运营之前，我们需要先理解公域流量和私域流量。

公域流量指公开流量，例如，京东、天猫这种开放性平台，或者其他可以获取到新用户的开放式渠道，公域流量不属于企业内部。

私域流量完全属于企业内部，例如，微信社群用户、企业官网、小程序，或者微商城沉淀的用户，企业基于长远发展需要将流量从公域向私域里转，让用户真正变为企业自己的用户，最大限度延长用户的生命周期。生命周期越长，用户为企业做的销售贡献才会越多。

了解了公域流量和私域流量后,我们引入另外一个概念:流量运营。

流量运营,简单来说就是对流量进行管理,实现流量变现。流量运营并非一项简单的工作,企业要将公域流量转到私域流量会遭遇各种问题,所以在流量运营的过程中我们依然要借助数据分析的方法来达成各种运营策略,这也是本案例要讲的核心要点,帮助大家拓展购物篮分析在新零售业务场景中应用的思路。

还是案例 1 中的 A 企业,企业现在开始关注私域运营。这个业务做了一段时间,但效果并不理想。同时,还面临两大问题:私域老用户不断流失与拉新乏力。企业在 Z 市繁华地段开有一家门店,每日不但客流量高,而且很稳定,面对私域运营的问题,企业领导有了新想法:是否可以利用这家门店的客流为私域里的小程序进行导流?

1. 业务问题思考

利用线下流量为线上私域导流,这种导流方式在市面上相对成熟,一贯的操作手法如图 2-5 所示。

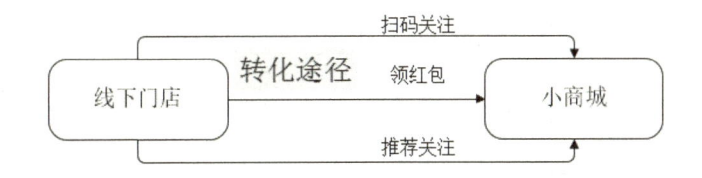

图 2-5

从线下门店到线上小程序有非常多的转化途径,扫码关注或者发放优惠券等,但是这些都属于无关痛痒的联结或者纯成本消耗。最好的方式是让用户自动转化,这样不仅完成了导流还达成了业绩,所以我们尝试利用购物篮分析找到能够让用户自动转化的实物载体:衣服。

现在是夏季,同样取夏季的销售数据做购物篮分析,结果如表 2-5 所示。

表 2-5

项集	支持度	置信度	提升度
紧身牛仔裤,B001 吊带	0.67958	0.56	0.43
紧身牛仔裤,AA08 衬衫	0.58988	0.54	0.45

从表 2-5 中，我们可以看到紧身牛仔裤和 B001 吊带销售的关联属性很强，吊带 + 紧身牛仔裤的组合足够满足日常穿搭。夏季是吊带销售的最好时节，所以我们做导流可以从紧身牛仔裤入手，在销售策略上可以将这两件商品拆分到 Z 市门店和微信小程序中进行独立销售。

确定好引流的单品载体后，接下来需要考虑用什么运营策略来完成导流，所以我们需要进行新的一轮数据分析，帮助企业找到最优的引流转化手段。

2. 定位分析数据集

沿着以上思路，取出从现在向前推两年的活动数据，需要与这款吊带相关的，例如满赠、换购、积分兑换、打折购买、直播带货等活动策略数据（见图 2-6）。

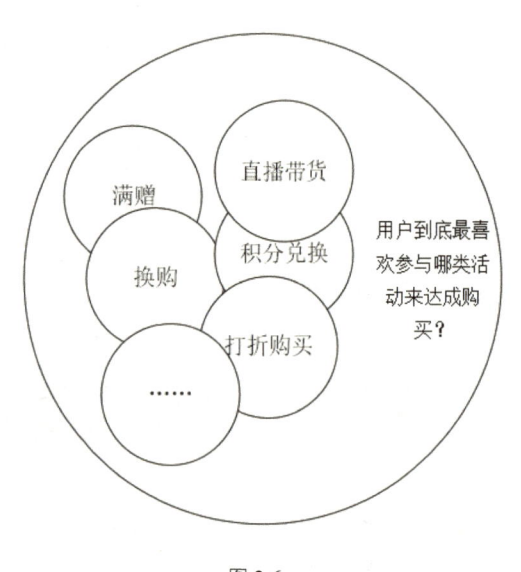

图 2-6

基于这些数据集，我们需要分析出转化人数最高的活动策略，也就是促使最后购买该款吊带用户数最多的活动类型。

（因本书篇幅有限，这里只列举一个分析维度，在实际工作中，因为活动不同可能需要更多的指标维度，具体情况需具体分析。）

3. 数据分析结论

我们将最后的数据统计结果转化成条形图（见图 2-7），条形图是较多用于对比分析的可视化图表，哪个活动策略的转化人数最高一目了然。

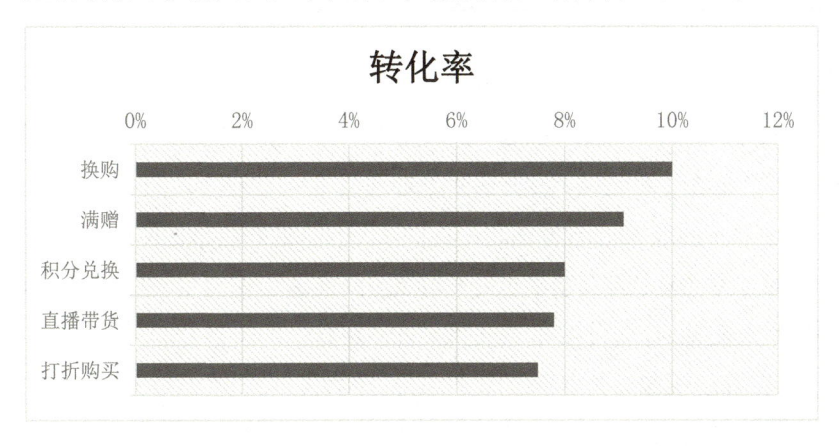

转化率

策略	转化率
换购	约10%
满赠	约9%
积分兑换	约8%
直播带货	约7.5%
打折购买	约7%

图 2-7

从图 2-7 中，我们可以明显看出换购策略在这款吊带相关的营销活动中转化率最高，所以我们此次导流转化的策略就可以采用换购的方式。

导流载体确定，导流方式和销售方式也都确定后，剩下的工作就是进行详细的成本核算，然后交由运营团队优化执行。

4．案例小结

新零售的业务形态一直在不断演变，也一直不断有新的玩法出现，做全域的数据运营复杂且艰难，企业要将公域流量引入私域做更深入的运营是势在必行的发展道路，所以企业必须借助数据分析来将运营做得更好。

场景一直在变，但数据分析模型是固定的。这个案例主要是帮助读者拓宽同一种数据分析模型在新零售业务场景中应用的思路。我们一直说数据会说谎，因为数字是死的，在实际业务决策应用过程中需要以业务结果为导向，根据实际情况不断调整分析思路或者分析数据集，甚至变换不同的数据分析模型，来让数据结果更加贴合业务。

购物篮分析模型的业务场景应用举例到此结束，案例 1 主要是帮助读者了解数据分析思路和数据结果如何支持业务决策；案例 2 帮助读者拓宽购物篮分析模型的应用场景。每一家企业或每一位分析师及运营人员在面临同一个数据结果时，可能会有多种策略帮助运营落地，所以本章案例仅供参考。

2.3 购物篮分析模型的实现

购物篮分析模型的实现，严格意义上需要用到数学模型，但每家企业在实际的数据分析过程中肯定存在基于实际情况的其他操作方法。不管采用何种方法，只要能达到业务效果，都是有效的方法。

行业通用的是 Apriori 算法，即关联规则，指的是能够从种类丰富的数据中找到联结最频繁的商品项的机器学习模型。该模型具体的方法论可以在网上搜索相关教程学习，本节不介绍具体操作步骤。

学习 Apriorit 算法需要重点关注以下几个方面。

第一，需要了解关联规则算法的计算原理。

第二，需要了解支持度、置信度和提升度 3 个指标的具体含义和计算公式。

第三，需要了解关联规则算法结果可用与否的评判标准。

第四，有些结果会发现强规则可能是因为业务导向，例如，本来就一直属于绑定销售的两个单品。所以，不可盲目相信数据结果，需要将数据结果和业务策略结合在一起进行分析。

Apriori 算法适合有一定编程基础和统计学基础的人学习。如果没有编程基础和统计学基础，也不会操作复杂的分析工具，则可以换一种较为简单的思路来实现。例如，首先，实现支持度的计算或者置信度的计算，进行预先评判；然后，做业务应用的市场测试，对测试结果进行数据分析，分析结果复盘；复盘结束后将业务结果回滚到数据分析中再做业务应用测试（见图 2-8），循环滚动几次也会有一定的成效。

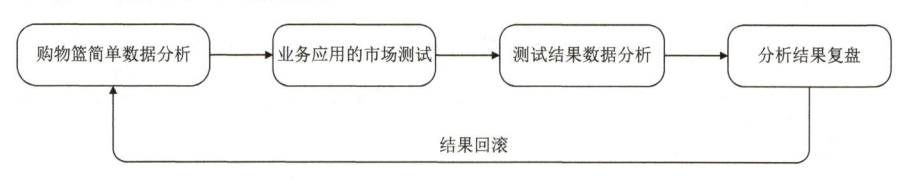

购物篮简单数据分析 → 业务应用的市场测试 → 测试结果数据分析 → 分析结果复盘
← 结果回滚

图 2-8

简单的分析实现从数据严谨的角度来说不如模型，但即便是我们经常使用的 A/B 测试，如果太关注它的技术指标也会出现问题。某公司之前发布过一篇文章，讲述 A/B 测试在企业发展过程中的不断迭代应用，最后发现关注业务结果可能优于关注技术指标本身,所以在无法使用模型时不如转换成简单的分析逻辑。

考虑到购物篮分析模型应用的普遍性,很多人需要在实际工作中实现这个方法,所以下面推荐一些方便实现的工具。

1. Apriori 算法模型的实现

(1) Python

Python 是一款开发编程工具,全程实现需要依托编程代码,Python 有一个内置的算法库可以直接调用,可以在网上搜索:Python 算法库。

(2) IBM SPSS Modeler

这款工具是 IBM 早期推出的数据挖掘应用软件,和 SPSS 是兄弟款(见图 2-9)。SPSS 可用于数据统计分析,例如方差检验、描述统计等功能。SPSS Modeler 可以拖曳式实现数据挖掘流程,包括数据源的接入、数据处理、算法选取、结果输出、算法评估一系列过程,可以简单将其理解为一个实现算法的流程流工具。

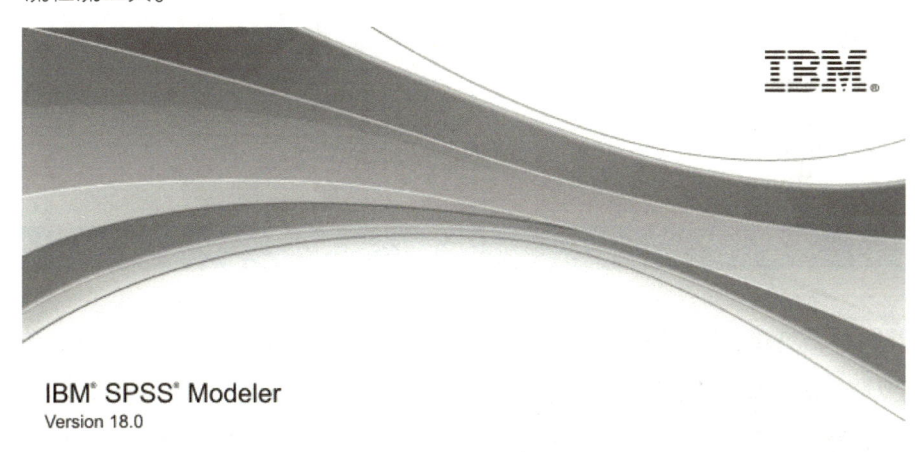

图 2-9

（3）Excel+ 数据挖掘插件

如果读者对前面两种工具没有兴趣，则可以尝试找到 Excel 数据挖掘插件来实现。缺点是过程相对比较麻烦，而且 Excel 在处理大体量数据时性能较弱。

以上 3 款工具都可以实现完整的购物篮分析，工具使用从难到易。

- 速度与性能：Python 最快，可以直接读取数据库。
- 操作难易程度：Excel 最简单，IBM SPSS Modeler 需要对里面各节点的细节比较了解。
- 学习难易程度：Python 最难，需要编程基础。

2. 简单方法实现

（1）MySQL

MySQL 可以计算支持度和置信度，一般企业所有的销售数据都在数据库中，所以使用 MySQL 做数据处理和加工极为方便，从数据清洗到计算可以一步到位，速度比 Excel 快。实现者需要具备一定的 SQL 基础。

（2）Excel

Excel 可以做计算，适用于不会 SQL 的操作者。Excel 在操作上会相对灵活，基本上能想到的计算都可以实现，功能很强大。建议使用内存大点的计算机，以免造成卡顿影响工作效率。

2.4 本章小结

本章开篇通过"啤酒与尿布"的故事，使读者了解到购物篮分析的原理和业务逻辑，以场景举例说明在零售业中使用购物篮分析模型实现的商业本质目标，再通过完整的实战案例讲解，帮助读者进一步理解如何使用购物篮分析模型解决商业问题，支持业务决策，希望读者对购物篮分析模型有更深的理解，能够将它灵活应用于不同的业务分析场景中。

本章案例向读者传达的是数据分析完整的思考逻辑、完整链路的分析思路及落地应用，它将一直贯穿于初级、中级乃至高级的数据分析工作中，所以案例过程比案例结果重要。

"啤酒与尿布"的故事属于经典流传，具有普适性，但在应用的过程中不应局限于原生的"啤酒与尿布"的分析思维，因为不是所有的企业都是"沃尔玛"。完整的分析思路，以及如何在不同的业务场景中灵活应用比购物篮分析模型本身更重要。

第 3 章 擒贼先擒王，高效降本增益：帕累托分析

管理学上有一个非常经典的定律：二八定律，即 20% 与 80%。该定律认为企业 80% 的财富来源于 20% 的用户；从商品销售角度看，即企业 80% 的销售额只来源于 20% 的商品。二八定律是社会管理学的一项重大发现，它的核心思想是让企业在经营管理过程中，将更多的精力专注 20% 销售贡献高的员工的管理与 20% 销售贡献高的商品的研发和改进，这样企业可以实现以最少的精力投入获取更高的经济效益。

基于这种论证逻辑，很多人发现二八定律的现象不仅在管理学上非常适用，也能解释很多日常工作生活的关系配比现象，例如：

- 拿出一天 20% 的时间集中精力工作，可以解决一天 80% 的工作量。
- 80% 的人创业可能会面临失败，存活的企业大概不超过 20%。

3.1 二八定律诞生的科学性

基于上述各种社会现象的解释，多数人会有疑惑：为什么二八定律可以解释生活及工作中诸多难以解释的关系分配现象？

首先了解一下二八定律的起源。

1897 年，意大利经济学家帕累托无意间发现了 19 世纪英国人很有趣的财富模式，但是缺乏有力的依据来证实这种财富模式的普遍性。经过抽样调查，发现少数人掌握大多数的社会财富。他又翻阅了大量国外的早期资料，分析了

多个国家的情况，发现财富比在数学上有一个很稳定的分配关系：80%的社会财富掌握在20%的人手中。

从二八定律的来源可以看出，这个关系的结论并不源于经济学家的经验主义和"脑袋"主义，是由经济学家经过一系列社会调查统计分析得出的客观结果，所以，二八定律在一定程度上属于数据分析后的结果，具有一定的统计学基础。

二八定律在行业中也有一些别名，例如，用经济学家的姓名进行命名：帕累托法则；或者按百分比例命名：80/20定律。

二八定律后来被应用到很多社会学科中，本章开篇已经列举过部分社会现象，需要关注的是企业80%的经济收益可能来源于20%的用户和20%商品的贡献，这两个现象也是企业数据分析经常用到的配比规律。

零售业为什么要做帕累托分析？

一些卖场、便利店、专营店等零售企业，商品品类、SKU繁多，企业管理者无法对每一件商品的库存管理、货品陈列、采购管理、临期管理等环节给予高度的关注度，因为管理者的时间和精力都是有限的。

我们以大卖场的商品管理为例，首要的管理难点在于供应商管理。每一种商品可能都来自不同的供应商，所以管理者会面临不同供应商的资质评估、审核，以及合作中订货、退货、补货等多环节的管理。如果对所有商品管理实行均衡管理，那么企业需要投入庞大的人力及软件设施才能实现。

从实际销售角度而言，不是所有的SKU都具有高产出、高利润。如果对所有商品投入成本均等，则势必导致整体经营利润降低，所以针对商品管理，企业将80%的精力及成本投入到20%的商品上势在必行。

除了商品管理，再看用户管理（CRM）。CRM的管理理念是以"人"，即用户需求为核心的，尽可能满足用户个性化的需求，以达到用户与企业持久稳定的合作关系。很多零售企业都有一定规模的老用户，规模数十万、数百万、数百亿不等，这种情况下，要照顾到所有用户的需求，于企业而言是一项不切实际且无法达成的工作，所以利用二八定律找出对企业贡献80%销售额的20%用户，将主要精力和时间投入到这部分用户群体也是一项必要工作，可以帮助企业降本增益。

3.2 两个案例：帕累托分析数据化决策怎么用

分析模型只有适用性广、落地强，才能说它具有很高的商业价值。帕累托分析模型以主抓事物"核心问题"为目标，它适用的具体业务场景，以及具体操作方法是整个模型的关键点，所以它可以用于零售业哪些业务场景、如何落地是本节要探索的主要内容。

3.2.1 模型适用的零售业务场景

在实际工作中，帕累托分析具体可以支持的应用场景有哪些？

我们同样不能将帕累托分析模型的应用固化在一个方向上，需要将它理解为一种分析思路，汲取模型的核心思想：20%和80%的关系配比，理解以后我们可以将帕累托分析模型应用到更广泛的业务场景中，这里总结几个常用的业务场景。

（1）商品销售分析：这是帕累托分析模型应用的经典场景。企业的经营利润的来源是商品销售，很少有零售企业只销售单一商品，卖场类的零售企业SKU最多，自营品牌的零售企业为了占据更多的市场份额会分出几种商品系列，不同系列下再细分不同品类及SKU。企业商品管理除了上述提到的供应商管理，还有其他管理维度。如果对所有的管理维度采取"胡子眉毛一把抓"的管理策略，则会造成"捡了芝麻丢了西瓜"的结果，所以企业要找出商品销售的主力军，然后针对主力商品采取不同的运营策略。

（2）用户分析：与商品销售分析相同，客户分析也属于帕累托分析模型应用的经典场景。特别是针对高客单价或商品属性偏功能需求的商品，例如，保健品、药品属于偏功能需求属性，服饰鞋包品类中的奢侈品属于强品牌属性商品，所以用户对这类商品较容易产生复购需求。同时，销售这些品类的商品，企业获得新客户具有一定的难度，所以做好老客户的CRM至关重要。我们可以通过帕累托分析模型找到购买主力军，给予重点用户更好的消费体验，提供更优质服务，期待他们为企业创造更大的收益。

（3）员工业绩分析：员工业绩分析是针对带有销售属性的员工，例如，零售门店导购员。营销人才决定了企业最终的销售业绩能否有效达成，找到能够对企业贡献达到 80% 的 20% 销售人才于企业而言是一项重点工作，对高价值的销售人才需要给予更好的激励反馈，以及提供良好的晋升通道。同时，也可以为其他销售员工树立学习的销售标杆，找到学习目标。

（4）门店分析：门店装修、导购员工招聘、商品铺货、新品配货等工作都会让企业面临高昂的门店管理成本，每家企业都需要良好的 ROI 结果，所以无法对全国所有的门店一视同仁，给予同等的管理资源。我们需要借助帕累托分析模型找出优质门店，然后投入更多的资源和精力。

（5）问题原因定位：举一个典型的应用场景，分析护肤品企业的用户投诉数据，护肤品的商品属性容易引发过敏等问题，每一位用户被引发负面情绪的"点"千差万别，用户投诉的问题有很多，全部解决不切实际，所以需要在收集到负面用户投诉后对问题先进行归类，使用帕累托分析模型定位出 20% 的主要问题类，然后进行改进。

上述内容列举了 5 种帕累托分析模型在零售业中适用的业务场景，实际工作包括但不限于上述场景。总的来说，当企业管理或者决策面临很多因素干扰，或者管理精力、资源有限时，都可以借助帕累托分析模型来帮助决策者快速找到管理或优化方向。

3.2.2　案例 1：降本增益，1500 多个商品如何优化

B 店是一个大型食品连锁品牌的一家专营店，地理位置正好在繁华地段的十字交叉路口，属于客流集中的黄金地段，主要辐射周边 10 公里以内的小区居民，偶尔也会有其他地区路过的用户或者慕名而来消费的用户。生意好的时候店里经常出现缺货，生意不好的时候会有大量库存积压。

店里所有的管理成本和人力成本支出都是恒定的，为了精细化管理，店长要求一周计算一次 ROI，以及时进行管理上的策略调整。随着销量的时起彼伏，ROI 也很不稳定，起起落落的数据结果让人忧心不已。

店长在与其他店长交流探索门店管理时学到了一个分析模型：帕累托分析，据说其他门店对商品管理都采用了此分析模型，数据分析结果对商品管理策略的调整很有帮助。

于是，他找来店里的报表统计人员，把帕累托分析的任务分派下去。

统计人员接到任务后，通过各方信息渠道了解清楚了帕累托分析的方法和原理，着手统计了目前店里上架的 SKU 数量，有 1500 多个，平时大家对这些商品的铺货陈列主要依靠以往的销售经验，哪个货架缺货便补什么商品。每个星期都会统计一份详细的销售统计报表和库存统计报表，只了解店里最畅销的 10 种商品，更多的难以记住。

由于之前从未使用过帕累托分析模型，通过网上信息了解了分析原理和步骤后，统计人员开始思考需要用到的数据源。

1. 业务问题思考

关于分析数据源问题，帕累托分析需要用到的是商品的销售数据，但是销售数据按时间维度可以分年度、季度、月度、周和天，所以应该取哪个时间维度的数据来做分析是可靠的？

门店沉淀了多年的销售数据，如果取年度数据来分析并无问题。只是很多 SKU 每年都会根据实际销售和供应情况进行优化和调整，所以以年度作为分析维度不可取，会涉及已经下架或者结束供应关系的商品，因此优先考虑以季度为时间分析维度，对商品销售数据进行帕累托分析探索。

2. 数据分析

确定好分析维度后，数据源所需数据维度如表 3-1 所示。

表 3-1

商品大类	商品编号	商品名称	销售金额	销售日期

在数据维度表中，分析模型实际需要使用到的维度为商品名称和销售金额，增加其他维度列是为了帮助理解分析模型结果，辅助数据解读。

> **注意**：通常，零售企业中某种商品由于促销活动或者其他销售因素，可能会拆出不同编码进行重组，做帕累托分析前最好先对商品进行去重归类梳理，保证商品销量归一，不分散。

拿到数据源后，统计人员很快就做出了这个季度的帕累托分析模型结果图（见图 3-1）。

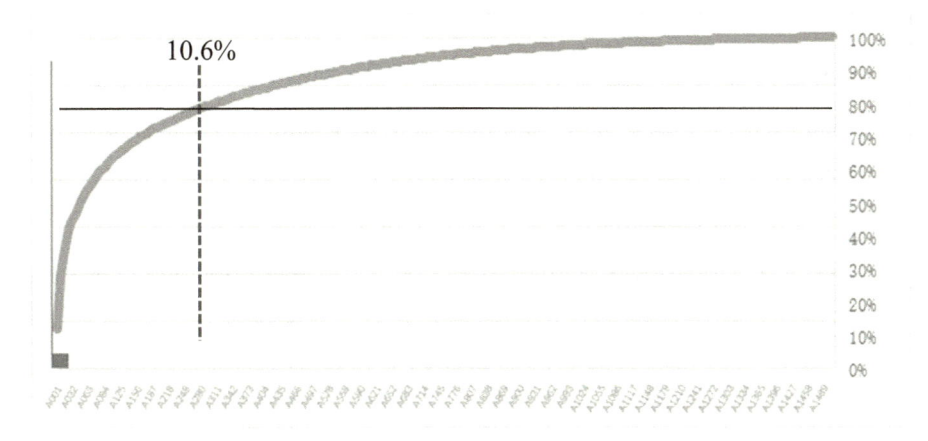

图 3-1

3. 图表解读

x 轴：商品项。

y 轴：每个商品项对应的销量，柱形图、数值落于主要坐标轴。

抛物线：商品销量占总销量的累计百分比，数值落于次要坐标轴，即右边为 y 轴。单位为百分比。

> 注意：因为商品品类繁多，x 轴显示不全，又因后面商品销量过低，导致柱形图略小，不影响数据结果判断。

4. 图表数据结果解读

（1）此次一共对 1507 个 SKU 进行分析。

（2）当销售额累计达到季度总销售额的 80% 时，贡献的 SKU 商品数占比为 10.6%。

（3）剩余 89.4% 的商品只贡献了 20% 的季度销售额。

5. 问题思考

为什么在这个数据结果中，只有 10.6% 的商品贡献了 80% 的销售额，而不是 20%？

二八定律是一个通用现象，在实际工作中，业务现象并不一定遵循 20% 与 80% 的配比，会有一定比例的波动。本案例 80% 的季度销售额集中在

10.6% 的商品中，说明企业商品的销售过于集中，太过依赖于这些商品，商品销售贡献结构组成并不健康。专营店应着力于提升腰部商品的贡献能力。

回到食品专营店的帕累托分析结果：在 1507 件商品中，具有持久稳定贡献能力的商品不到 200 件。这个数据结论超出了所有管理员的经验认知，大家都惊叹帕累托分析带来的重大发现。

统计人员将这个结果汇报给了店长：不到 200 件商品贡献了整个店一个季度 80% 的销售额。

6．业务决策应用

基于这个结论，店长开始组织新一轮的商品陈列和商品采购计划优化，以往商品陈列、商品采购几乎都以自己多年的经营经验为主。门店刚开始经营时，因为当时销售数据是空白的，所以经验确实带来了一些效果，而随着电商渗透到人们实际生活后，整个市场的竞争环境发生了很大的变化，门店的生意开始进入震荡期，经验主义已经不再适合当前的经营环境了。

领悟到帕累托分析模型的分析要领后，店长又组织了新一轮的数据分析，将门店经常缺货的几个时间段，以及不同的节假日也进行了一轮销售数据分析，找到每次缺货商品的规律，找出主力商品，然后进行提前备货，提前计划门店的人手排班。

7．案例小结

本案例主要介绍帕累托分析模型在零售业的商品贡献分析场景的应用，在分析的过程中如何选取合适的分析数据源、如何解读数据结果，以及如何将数据结果与业务关联起来都介绍得比较详细。通过完整的分析思路呈现，读者可以清晰了解到该分析模型的实现和应用路径。

当然，商品管理分析是一项非常复杂的工作，很多时候只借助帕累托模型不一定足够，还需要进行更广或者更深的数据分析，才能帮助决策。这个需要具体问题具体分析，无法一概而论。本案例主要着眼于帕累托分析模型，其他的不做过多介绍。关于模型的应用，读者还可以发散思维，将它应用到更多的业务场景，输出更多的决策价值。

3.2.3 案例2：企业的用户贡献分布健康吗（CRM管理）

帕累托分析模型除了在商品管理上可以发挥价值，在用户分析管理的业务场景也同样适用，我们仍然以案例1中的食品专营店为例。

1．为什么食品专营店要做用户分析

目前，食品专营店面临的市场竞争非常激烈，智能手机普及后，消费购物打破了空间、时间及设备的限制，可以在任何时间、任何地点进行购物，食品专营店就失去了销售的优势，它的市场处境会越来越恶劣，并且很难扭转。

当然，为了应对激烈的市场竞争，食品专营店可以选择做差异化食品，走个性化卖点的市场赛道，但是包装食品要做出差异化难度系数非常高。市面上的食品种类丰富而全面，几乎每一种食品都能找到性价比更高的替代品。目前能做的且最高效的经营策略，是提高用户管理水平。

专营店不是新店，已经沉淀了几年的用户数据，所以可以利用帕累托分析模型帮食品专营店找出头部高贡献的会员用户，对会员实行分级管理制。

2．业务问题思考

在对这家专营店进行帕累托分析前，需要思考以下两个问题。

（1）会员在所有用户中的占比情况如何？要做更精细化的CRM，至少需要一个可以与用户互动的渠道。

（2）目前用户贡献度分布的现状如何？

基于这两个需求思考，我们确定了以下分析数据源的数据维度（见表3-2），步骤和案例1一致。

表 3-2

用户名称	销售金额	销售日期	联系方式

3．数据源思考

在选取数据源时，案例1考虑商品结构的优化调整，所以选取以季度为时间分析维度。但季度的时间分析维度不适用于用户分析的场景。了解用户要尽量全面，秉承所有的用户都是有价值的分析理念，特别是留过个人信息记录（信息收集要注意合规）的会员，所以，我们选出留有联系方式的会员。

消费时间在这里不做主要考虑因素，可以在帕累托分析之后参照用户消费时间的远近分析来做辅助决策。

基于以上的思考逻辑，现在对用户消费数据进行加工，将所有有过交易记录的用户数据都纳入分析范围。

对照案例 1 的实现方法，帕累托分析模型结果如图 3-2 所示。

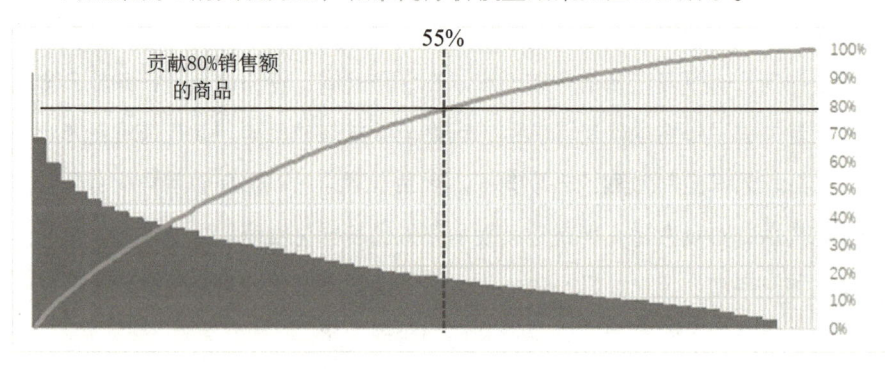

图 3-2

帕累托分析模型结果的解读请对照案例 1 的介绍。

从图 3-2 中可以看出，这家食品专营店的用户贡献分布同案例 1 中的商品分析一样没有遵循 20% 和 80% 的关系配比，实际结果是 55% 的用户贡献了企业 80% 的销售额。

4．数据结论思考

基于这个数据结果，思考一个问题：为什么这家食品专营店的用户贡献分布和二八定律的关系配比差距这么大？

在实际工作中，这种情况很普遍，按一般规律是 20% 的用户群体贡献 80% 的销售额。这家专营店 20% 的用户群变成 55%，在另外一家企业 20% 的用户群可能演变为 30% 或者 10%，所以思考以下两个问题。

（1）二八定律中的 20% 如果变成了 55% 是什么业务现象？

（2）二八定律中的 20% 如果变成了 8% 是什么业务现象？

我们对照二八定律的关系配比现象对上述问题进行以下分析。

上述问题（1）中二八定律的 20% 变成 55%：假设企业有 100 个用户，按正常规律，高价值用户是 20 个人。现在，正常应该由 20 个用户创造的价值变成由 50 个人创造，也就是 80% 的企业价值贡献中，头部用户的人均贡献价值下降了。所以于企业而言，这种业务现象说明企业没有特别高价值的用户，企业的多数用户属于普通价值用户。

上述问题（2）中二八定律的20%变成8%：企业100个用户中的正常20个高价值用户变成了8个人，也就是说，应该由20个人贡献的价值最终由8个人贡献完成，8个人的人均贡献价值变高。所以于企业而言，企业的高价值用户非常集中，只要维系好这8个用户，企业的业绩目标就可以达成80%。如果这8个用户出现问题，那么企业的主要销售业绩就失去了供给源泉。

上述20%变高、变低现象的分析结论，如图3-3所示。

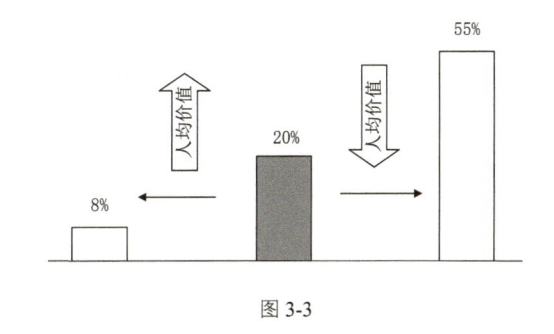

图3-3

5. 业务决策应用思考

回到本案例的食品专营店，80%的销售业绩由55%的用户贡献，对照正常规律，数据结果略偏高，结论是专营店缺乏优质高价值的用户。

但基于目前的数据结果，很难对专营店的用户进行价值分层，因为没有价值特别集中的用户，贡献差异不明显。所以，目前实现业绩增长的策略方案：第一轮帕累托分析模型找到的55%用户较剩余45%的用户购买力相对较强，我们在这部分用户群体中进一步挖掘可以提升潜在价值的用户群体，让他们贡献更多的销售业绩。

销售额是结果性指标，做运营策略需要对它进行详细的业务指标拆分：

$$销售额 = 订单数 \times 客单价$$

从上述公式可以看出，销售额受两个指标的影响：订单数和客单价。所以，我们可以在这55%的用户中再一次使用帕累托分析模型找出20%的优质用户。再对这20%的用户行为特征数据做进一步分析，划分出可以提升订单数和客单价的两类人群。

关于具体数据运营，下面举一个小例子，抽取本案例排在前面的 10 个用户的购买频次数据（见表 3-3）。从数据表中可以看出，销售额贡献最高的用户是徐娟，购买次数为 9 次。其他用户最高的购买频次是 18 次，对照这个频次可以判断徐娟的购买频次还有提升空间，所以运营策略上针对与徐娟类似的用户，以提升他们的购买次数为运营目标，进而提升他们整体的销售额贡献。

表 3-3

用户名称	销售额（元）	购买次数
徐娟	82 890	9
赵晓易	81 758	18
田明	77 367	8
叶军	68 736	12
于小明	68 122	7
王敏	68 072	12
徐佳	66 112	9
欧阳宇	64 505	11
郑钧	63 490	9

专营店的问题比较复杂，要解决改善用户贡献分布的运营方案，还需要更多的数据分析支持和策略思考。本书因篇幅有限，不再赘述，有兴趣的读者可以自行进行深入的思考。

6．案例小结

不管是线上业务场景，还是线下业务场景，用户分析都是一个常规分析主题，多数情况可以借助帕累托分析模型进行用户分析，某些 B2B 的业务场景也同样适用。

本案例旨在介绍通过帕累托分析模型评估企业的用户贡献分布是否良性。不是所有企业的业务现象都一定遵循 20% 和 80% 的关系配比，企业通过自身用户贡献分布的分析可以尽早发现经营上的问题，找到优化调整方向。当然，在实际应用中需要考虑商品属性，例如，专卖矿泉水的企业或门店，本身水的价格就很低，属于超高频、超低价消费商品，在实际零售中很难打造出"高贡献"的用户，这种商品的用户分析中不宜使用帕累托分析模型来评估用户贡献结构的优良。

> 注意：
> （1）用户分析场景应用帕累托分析模型需要考虑商品本身的消费属性。
> （2）并非所有业务场景下的帕累托分析模型结果都可以直接应用于决策中，需要考虑实际的业务问题。本案例模型的价值点在于帮助店长评估门店自身的用户贡献分布情况，以及发现深层次的运营不足。分布是否合理不能一刀切，也需要结合实际的业务而论。

3.3 帕累托分析模型的实现

通过前面几个小节对帕累托分析原理、适用场景和实际决策应用案例的详细介绍，我们可以看出帕累托分析模型适用性很强，可以在很多场景中应用，如此有用的分析模型该如何实现？

实现帕累托分析的可视化图表并不难。简单来说，是柱形图和折线图的组合图，折线图不同于一般所见的折线图，而是一根圆滑的抛物线。实现起来相对简单，可以借助主流的 BI 工具，例如 Tableau、Power BI，或者使用 Python 和 Excel 来实现。

本书以 BI 工具 Tableau 为例，简单介绍一下实现过程。

（1）准备分析数据源，数据格式可参照案例 1 的数据维度表。工具准备：Tableau。

（2）打开 Tableau，在菜单栏中执行"文件—打开"命令，导入帕累托分析的数据源，格式请参照案例 1 的数据格式（见图 3-4）。

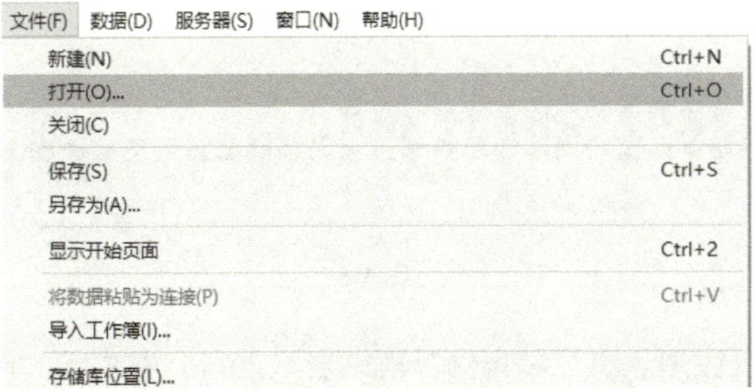

图 3-4

（3）确认导入的数据源是否正确（见图3-5）。

图3-5

（4）制作销售额柱形图，将"商品编号"拖入列，将"销售额"拖入行（见图3-6）。

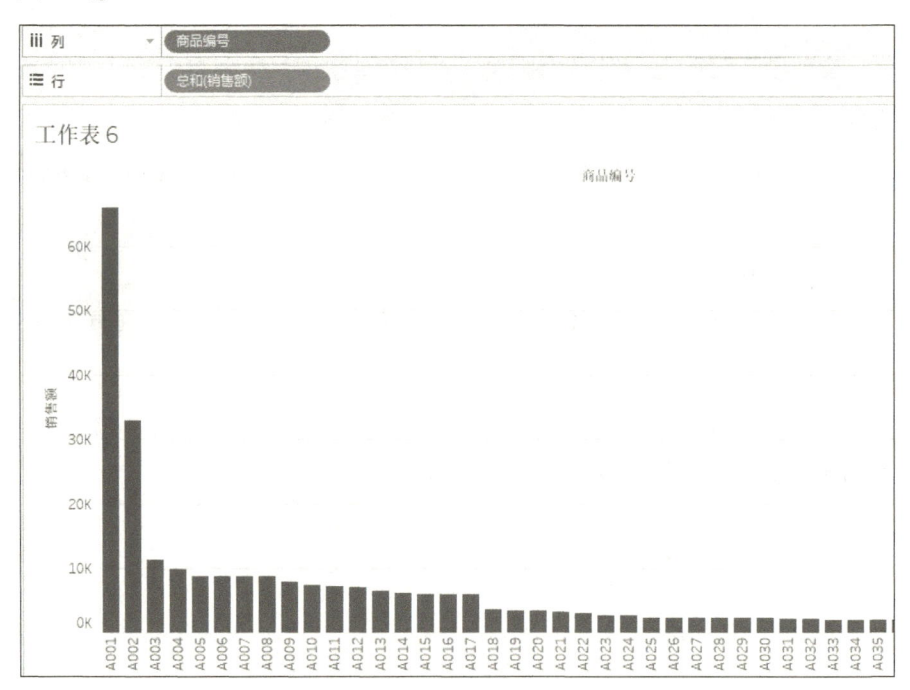

图3-6

（5）绘制折线图。将"销售额"再一次拖入行，在左下方的"标记"处将图形显示改为"线"（见图3-7）。

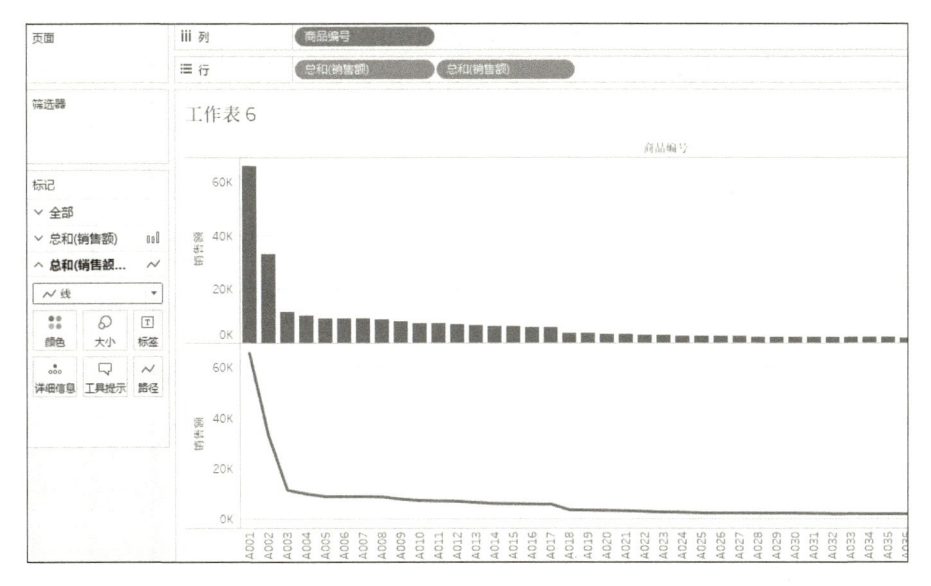

图 3-7

（6）第（5）步绘制的折线图是一根趋势线，帕累托分析模型图的折线是一根累计线，所以这里需要进一步调整。点击行中的第 2 个销售额，在弹出的下拉菜单中选择"添加表计算"命令（见图 3-8）。

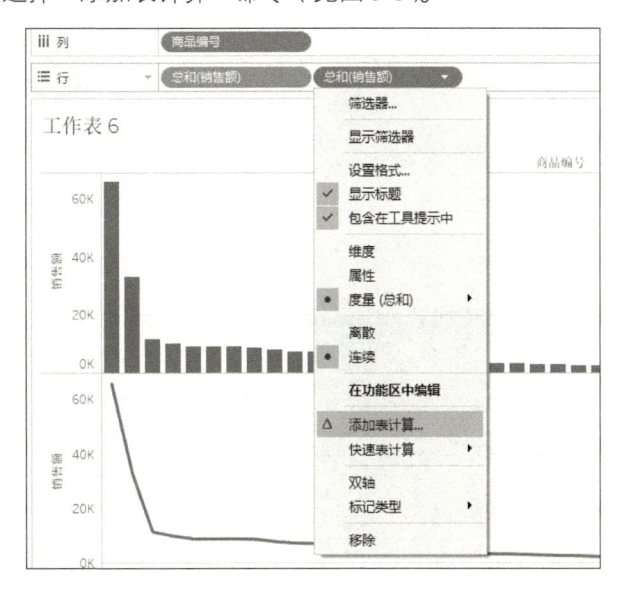

图 3-8

（7）弹出"表计算"对话框，界面设置如图 3-9 所示。

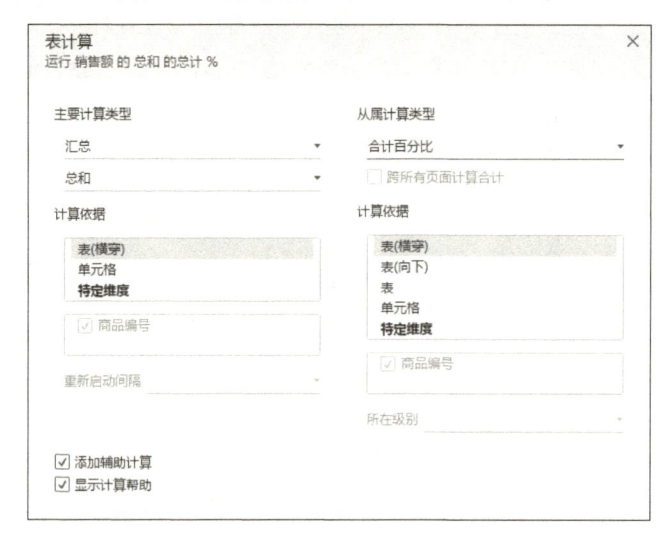

图 3-9

（8）添加表计算后，结果如图 3-10 所示。目前，柱形图和折线图的布局是上下拼接的，这不是帕累托分析的最终结果，需要将柱形图和折线图的坐标轴合并。所以，点击行中的第 2 个销售额，在弹出的下拉菜单中选择"双轴"命令（见图 3-11）。

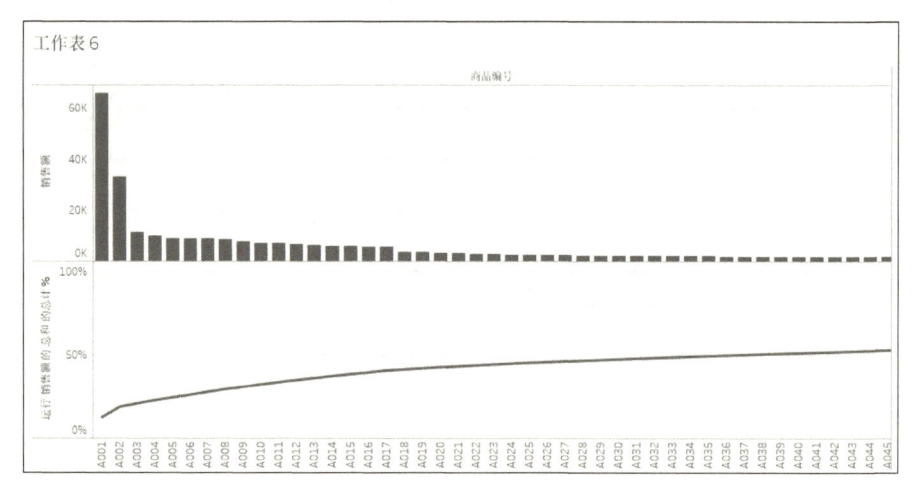

图 3-10

图 3-11

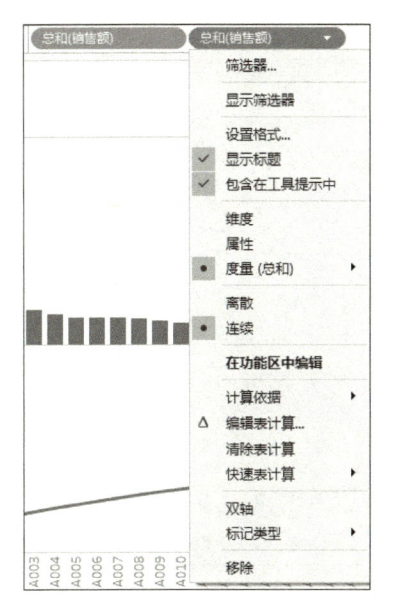

（9）选择"双轴"命令后，出现如图 3-12 所示结果。

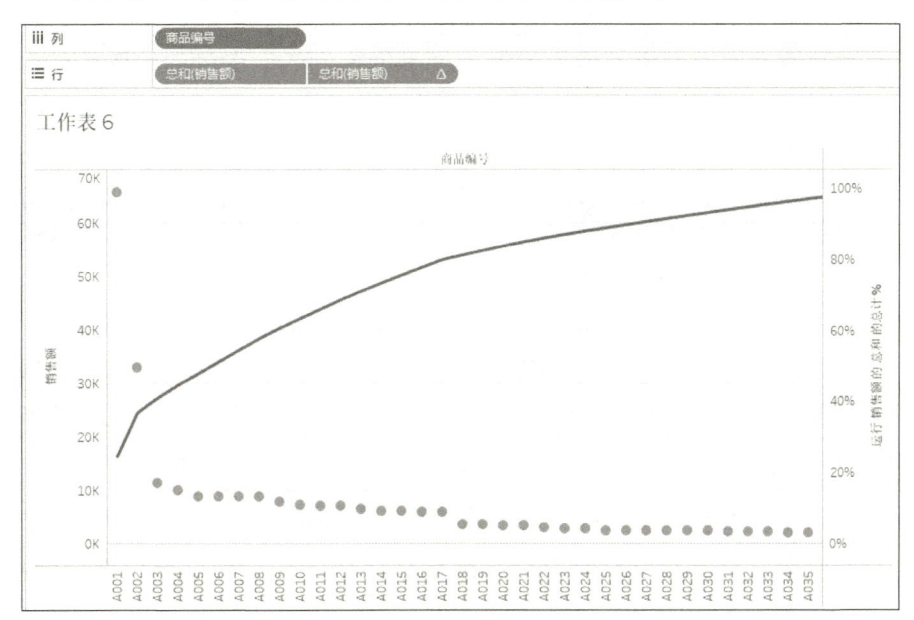

图 3-12

（10）将自动更改后的散点图重新调整为柱形图，帕累托模型分析结果如图 3-13 所示。

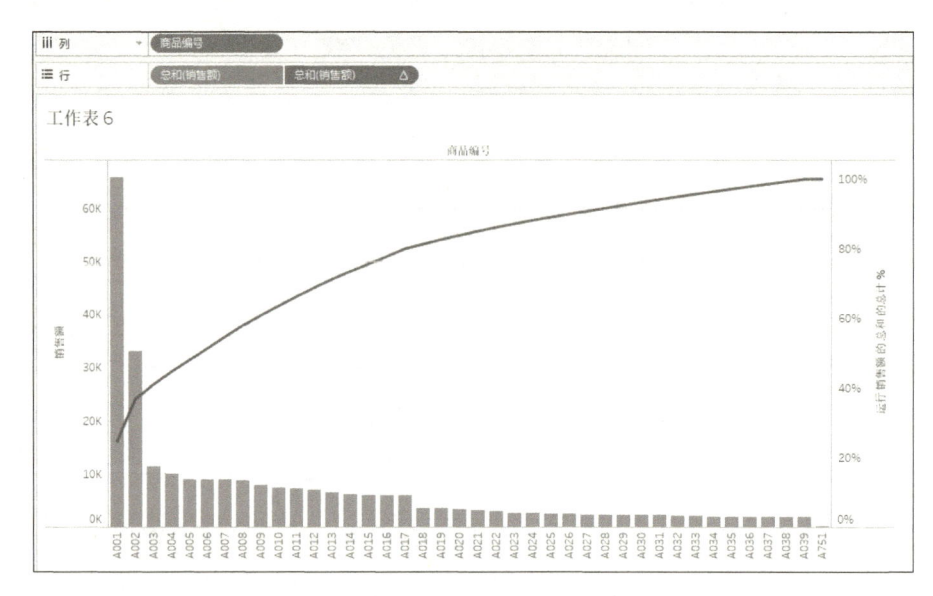

图 3-13

到这里，帕累托分析模型实现完毕，部分读者不会使用 Tableau，也可以通过其他途径找到 Excel 的制作方法。

模型结果图形的解读，请参照案例 1 的图形数据解读。实现过程相对简单，主要问题是如何将模型结果应用于业务决策中。

3.4 本章小结

本章主要介绍了零售业的另一个经典数据分析模型的应用：帕累托分析。帕累托法则解释了社会上大多数的关系配比现象。我们可以将它应用到正常的业务管理中，特别是当管理者面对诸多因素无法去区分重要性时，例如，在商品分析、用户分析这样典型的业务场景中，帕累托分析模型是最佳选择。

本章列举的两个应用案例，每个案例反映的问题略有不同。案例 1 主要阐述通过帕累托分析找到商品结构优化及货品陈列的方向。而通过案例 2 可以看到，在实际的工作开展中，有些时候业务分析的结果并不严格遵循 20/80 的关系配比，配比关系是否合理需要结合具体的业务情况评判；有些数据分析结果可以直接应用于决策，有些可能只是分析的开始，很多时候它主要帮助管理者发现更深层次的问题。

帕累托分析模型适用性广，关键是用在哪儿及怎么用。所以想要灵活运用该模型，读者需要花时间理解本章介绍的适用业务场景及两个应用案例。当然，本章表达的所有内容都是基于我个人的见解，会出现不够全面或不够到位的情况，具体使用时请多思考。

第4章

精准定位，业绩优化有方向：象限分析

我们先来认识一下图 4-1，图 4-1 是另一个分析模型 RFM 的可视化图表（第 6 章会详细介绍该模型），是一个三维立体图。图中一共有 3 个坐标轴，3 个坐标轴分别对应 M、F、R 这 3 个业务维度，整个立方体被 3 个坐标轴划分成 8 个小的立方体，每个立方体代表一类价值用户群体。

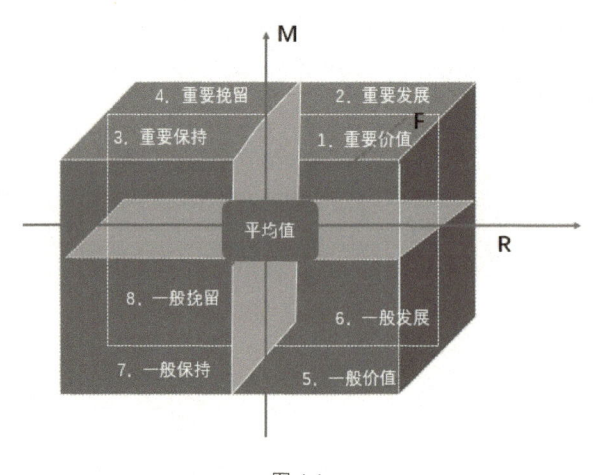

图 4-1

如果忽略立方体对角线上的 f 轴，那么 x 轴和 y 轴交汇于 M 值和 R 值的均值处，两个坐标轴将整个用户群的立方体划分成 4 个区域，这个"区域"有个专业的术语，叫作"象限"。

再来看一下 RFM 模型最终的用户价值分类，8 类人群分布在 RFM 模型图中 3 个坐标轴不同的方向上。仔细观察图 4-1，读者可能会有一个疑惑："为什么右上方的小立方体是重要价值用户，而不是一般价值用户？"

4.1 象限分割的数学逻辑原理

要解答上述的问题疑惑，需要先了解一下象限是什么。

关于象限，数学课本介绍得很详细，x 与 y 坐标轴将抽象的平面空间划分出 4 个小的区域空间（见图 4-2），横纵坐标轴交汇于原点 0 处，位于原点 0 的上方和右前方的值为正，否则为负值。4 个小的区域空间就是"象限"，所以横纵坐标轴一共组成了 4 个象限。

第一象限：$x>0$ 且 $y>0$

第二象限：$x<0$ 且 $y>0$

第三象限：$x<0$ 且 $y<0$

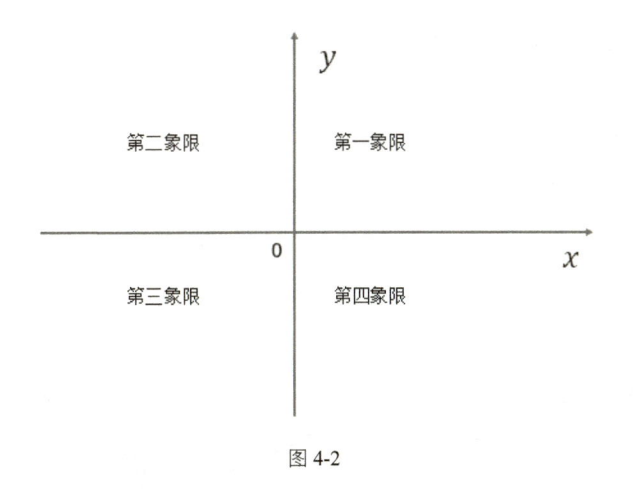

第四象限：$x>0$ 且 $y<0$

图 4-2

数学意义上的坐标轴以 0 为原点，所以位于不同象限的数值有正负之分。跳脱数学层面看坐标轴，原点 0 的意义是作为横、纵坐标轴的分界点，它将两个坐标轴组成的平面空间划分出 4 个象限。如果不以 0 为分界点，将 y 轴往右偏移两个值，即将分界点定在 $x=2$ 的位置，结果如图 4-3 所示。

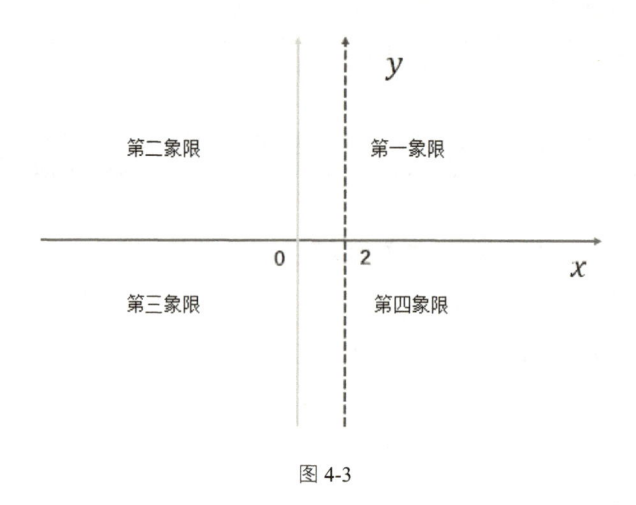

```
                              y
                              |
            第二象限           |    第一象限
                              |
        ──────────────────────┼──┬──────────── x
                           0  |  2
            第三象限           |    第四象限
                              |
```

图 4-3

移动分界点后，整个平面空间还是分成 4 个象限，原来位于 $x=1$ 的数值所在的象限区域发生了改变，这种改变分界点位置的思想属于业务性思维，在数学上原点永远是 0。

1. 为什么在业务思维应用上可以改变分界点

业务指标值很难为 0，例如，销量、成本、转化率或者是互联网中的点击率、PV、UV 等，这些业务指标正常情况下都不会为 0。如果要对业务指标进行好与坏的结果评判，除了与历史平均水平做比较，或者与行业平均水平做比较，还可以将以往的经验值定为划分评判好与坏的阈值，经验值不会脱离业务目标。所以如果将阈值设为 0，结果则没有任何意义。

通过上述的分析内容，了解到四象限在数学层面和业务层面的分割逻辑后，我们回到 RFM 模型结果的可视化图表。R、F、M 这 3 个指标都以各自指标的平均值作为空间的分界点，然后综合 3 个坐标轴的交叉重合空间对用户价值进行分类，模型图的右上方立方体上 M 值、R 值及 F 值都在 3 个坐标轴分界点的上方，所以位于这个立方体区域的用户群的 R、F、M 的价值度都比较高，这类用户群体为重要价值用户。

如果能够用象限分析的原理理解 RFM 模型图的用户价值分类，那么我们可以将象限分析的方应用扩展到更多的业务场景中。

2. 零售业为什么要做象限分析

从上述象限分析模型的分割原理介绍，我们可以看出，象限分析模型严格意义上属于一种分类手段。当我们面临很多分析对象或者细分维度分析时，就可以选择象限分析模型来辅助决策。

谈到分类，本书介绍的帕累托分析模型和 RFM 分析模型在一定程度来说都属于一种分类手段，每种模型的分类依据不同，分类的目标不同，对标解决的业务问题也不同。

帕累托分析模型（见图 4-4，详细介绍请参看本书第 3 章）：通常以 80% 企业贡献作为划分依据，或维度分割点取 20%，主要目标是帮助企业找到贡献度最高的商品、员工或者用户等对象。

帕累托分析模型结果图

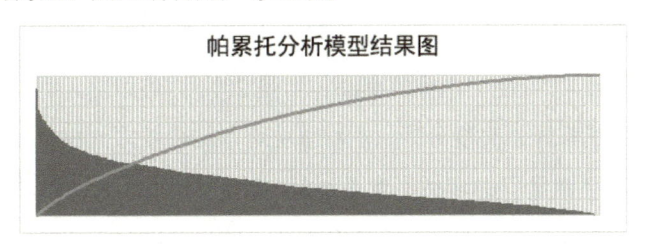

图 4-4

RFM 分析模型（见图 4-1）：通常以消费时间、消费频次和消费金额作为三大分析维度。在不同的业务场景下可以对模型进行变异，即维度可增可减，主要目标是分析用户的价值度，模型的核心思想是做用户价值分类。

象限分析：从空间划分原理理解象限分析，它主要基于两个维度指标进行空间分割，且分割成 4 个区域空间，分析的维度在行业上没有固定，不设限。我们可以依照不同的业务需求选取合适的指标，例如，销售与成本、点击率与转化率、市场空间和销售贡献等。总的来说，象限分析模型在分析指标的选取上非常灵活。如果借助专业的分析工具，则可以将分析维度从二维上升为三维或者四维。

通过对以上 3 个分类模型的比较，我们可以看出这 3 种分类模型有很大的不同，无论是原理还是应用，都有各自清晰的模型逻辑。象限分析模型相对比较灵活，而且可以有较为丰富的指标组合分析，不管是在零售业的企业数据分析，还是互联网行业的数据分析，它都属于数据分析的一大利器。

4.2 两个案例：象限分析数据化决策怎么用

通过 4.1 节对象限分析分割点原理和 3 个分析模型原理及应用的对比介绍后，我们发现象限分析其实属于一种通用的分析模型，经典耐用，具有普适性，所以本节具体介绍它适用的主要业务场景，并借用两个案例对模型的决策价值进行更深入的探讨。

4.2.1 模型适用的零售业务场景

象限分析模型其实也属于一种思维应用模型，所以它非常灵活，具有很强的普适性，比较通用的应用场景如下。

（1）商品分析：一家 SKU 丰富的零售企业，我们可以利用帕累托分析模型帮助企业找出 20% 的主力销售商品，但是 20% 的商品里，毛利、销量、成交用户等业务指标无法直观分析。这种情况可以结合象限分析模型，帮助企业分析出毛利高且销量好的商品（见图 4-5，或者找到市场占有率和年度销售增长率都比较高的商品，从而提升企业商品管理的决策能力。

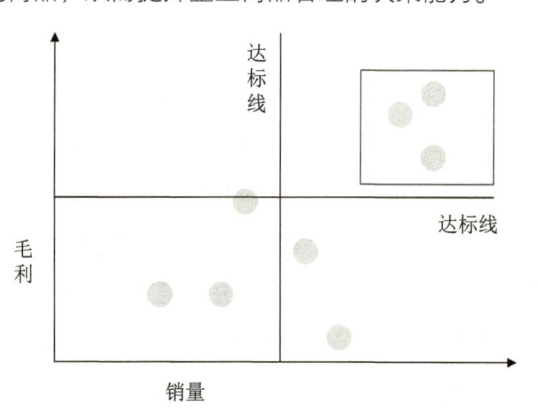

图 4-5

（2）用户分析：关于用户分析的分析模型较多，例如，本书后面章节会介绍的 RFM 模型。只是不同模型专注用户分析的不同维度，象限分析主要针对用户分组运营、管理。如果我们观察消费频次和消费金额两个维度交叉下的用户分组分布（见图 4-6），就会发现不是所有业务场景下的用户消费频次越高，消费贡献就越高。特别是销售商品价格差幅度较大的零售品牌企业，例如，某品牌家电的两位用户中，一位用户累计消费 1 次，花费 15000 元购买一台高端智能冰箱，另一位用户累计消费 3 次，第一次花费 5000 元购买普通洗衣机，第二次和第三次各花费 2000 元购买小家电。可以明确看到，这两位用户的消费频次越高，消费金额并没有越高，两个用户属于不同消费类别的群体。

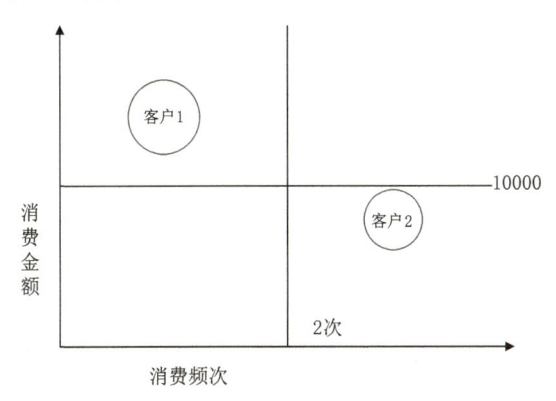

图 4-6

（3）供应链管理分析：库存周转率高且商品毛利高的商品有哪些？库存周转率高且用户投诉率高的商品有哪些？或者毛利高的商品在库存周转率上的表现情况如何？库存周转率高的商品是否完全达到所有商品的平均毛利水平？这些问题都是基于两个指标的关系进行的分析，进而观察的业务现象可能是分布情况、特征共性或分组达标情况等。这种业务分析都可以借助象限分析模型来辅助决策判断，同时这种情况会涉及相关性分析（请参考本书第 8 章）及分布分析（请参考本书第 1 章）内容。

（4）连锁门店分析：当零售企业在全国设有数十家或者上百家门店时，对门店的考核，除了常规的 ROI 指标评估，还需要对各门店有更深入的了解，才利于各种管理资源的分配和支持，例如，分析库存周转率高且销量超出预期目标的门店，或者季度滞销率高且年度滞销率也高的门店，于企业而言，部分业务问题分析可能关系到企业长远的战略调整。

（5）商品订货分析：很多零售品牌企业每个季度都会召开订货会，订货率高且利润高的商品有哪些？订货率低且利润低的商品有哪些？这种情况可以使用象限分析模型来找到订货率和利润两个维度交叉的分组商品（见图 4-7），找到不同表现的商品组，可以帮助管理者制定精细化对标解决方案。

图 4-7

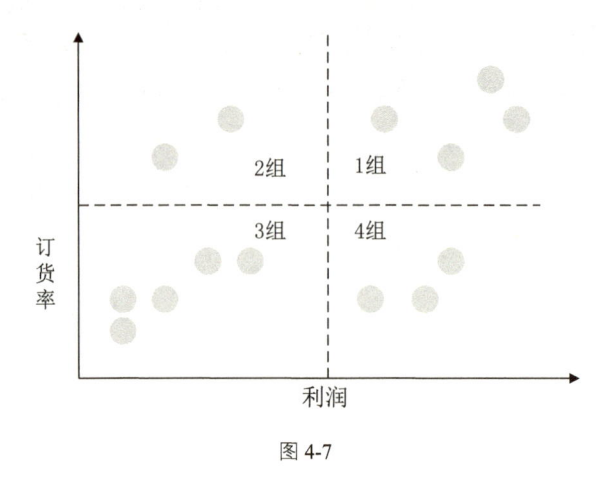

在零售业的各个管理模块都适用象限模型，上述只列举部分场景，更多的场景因篇幅有限不再做深入介绍。希望通过上述的场景可以帮助读者思考更多。

4.2.2 案例1：餐厅的菜品如何管理优化

A餐厅是一家经营中高端川菜的私人餐厅，自开业以来餐厅生意总体不错，随着生意越来越好，从后厨到前台服务人员，餐厅的工作人员一直在增加。餐厅每增加一个工作人员，企业的员工管理成本随之大幅增加，管理成本中包括员工社保费用及吃住费用，而餐厅的生意并不是全年都处于一个高峰期，一天中客流也有谷峰和谷底之分。目前餐厅配备的工作人员完全按照客流高峰期做安排，所以员工管理成本非常高，餐厅老板准备找一个突破口优化一下餐厅的管理成本。

针对本案例中餐厅老板面临的困境，从数据分析及数据运营的角度有很多方法和途径来改善，其中包括象限分析模型。

1. 业务思考

象限分析模型至少需要两个指标，针对该餐厅面临的问题，应该取哪两个数据指标作为象限分析模型的分析维度？

基于上述问题，我们可以从企业最核心的业务指标销售额进行商业拆分，因为销售额是结果指标，解决方案针对的是过程指标，结果指标达标的前提是过程指标达标。

这家餐厅的销售额指标的拆分有以下几种方式。

（1）销售额 = 顾客数 × 客单价。在这个公式中，整体顾客的平均客单价参照历史数据相对稳定，所以主要决定性指标是顾客数，企业很难把控餐厅每日的消费顾客数。

（2）销售额 = 菜品单价 × 销售菜品数量。在这个公式中，菜品单价是固定的已知结果，主要决定性指标是销售菜品数量，销售菜品数量与成交用户数成正比，与第 1 种拆分方式同理，企业无法把控每日菜品的销售数量。

（3）销售额 = 新顾客消费金额 + 老顾客消费金额。新顾客消费金额受新消费顾客数指标影响，企业无法把控客流量，所以新客消费无法预估，企业能影响的是老顾客的消费频次和消费金额，交易影响需要退回到上一次的交易。

通过上述对销售额的公式进行拆解和分析，企业可以做的是提升用户满意度以期待他再次光临，提升核心业务指标"复购率"。

确定要聚焦提升用户满意度的方向后，思考一个问题：餐厅的用户满意度受哪些因素影响？

总的来说，餐厅用户满意度主要受菜品质量和上菜时间的影响。如果餐厅厨师的出品比较稳定，那么菜品质量也会相对稳定。剩下上菜时间这个业务指标，上菜时间的长短首先与菜品本身的复杂度相关，衡量菜品复杂度的指标是制作时间，菜品制作时间越长，销量不一定越好，可能存在两者成反比的情况，所以餐厅可以借助象限分析模型对菜品制作时间和菜品销量做关系分析探索，借助分析结果对菜品采取分组优化的策略。

2. 数据分析

确认好分析思路后，餐厅老板将自开业以来所有菜品的销售额全部抽取出来，同时让厨师将每道菜品从准备到成型需要花费的制作时间一并评估做统计。

最终数据格式如表 4-1 所示。

表 4-1 （部分展示）

菜名	制作时间（分）	销售额（元）
辣子鸡丁	35	362
东坡肘子	29	931
豆瓣鲫鱼	15	315

续表

菜名	制作时间（分）	销售额（元）
鸡包鱼翅	20	3 883
酸菜鱼	13	2 004
夫妻肺片	16	3 345
蚂蚁上树	25	2 338
叫花鸡	30	7 093
茄汁鱼卷	12	5 154
鱼香肉丝	6	4 373
干煸冬笋	8	4 459
魔芋烧鸭	32	578
锅贴鱼片	6	480

将以上数据借助分析工具进行象限分析后，结果如图4-8所示。

说明：以上数据为模拟数据，具体制作时间仅供说明分析思路，与现实生活中每道菜品实际的制作时间可能会有出入。

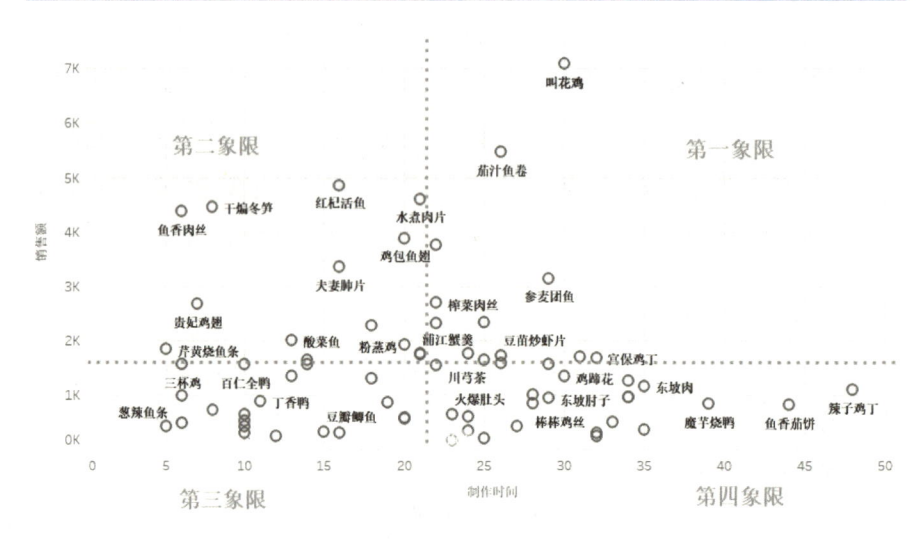

图4-8

3. 象限分析结果图表说明

横轴：表示菜品的制作时间，越往右边，表示制作时间越长。

纵轴：表示菜品的销售额，越往上值越大，表示该菜品销售额越高。

横/纵虚线：横/纵虚线表示制作时间和销售额的均值水平线，也就是开篇提到的象限分割的阈值，利用两个指标的平均值来评估每道菜品的制作时间是否超出平均制作水平，以及销售额是否达到整体平均水平。均值水平线将所有菜品分成了4组。

第一象限商品：制作时间超出所有菜品平均制作时间，销量超过平均水平。
第二象限商品：制作时间低于所有菜品平均制作时间，销量超过平均水平。
第三象限商品：制作时间低于所有菜品平均制作时间，销量低于平均水平。
第四象限商品：制作时间超出所有菜品平均制作时间，销量低于平均水平。

4．业务结论

（1）总的来说，落于第一、二象限的菜品属于良性商品结构，因为这两组菜品的销售额贡献高于平均水平。

（2）最优质的菜品落在第二象限，因为落于第二象限的菜品制作时间比较短，人力投入成本少但销量不错，菜品的 ROI 较高。例如，夫妻肺片和参麦团鱼两道菜品，两道菜品处于同一销售水平，但是参麦团鱼工艺比较复杂，所需的制作时间较长，所以夫妻肺片的 ROI 高于参麦团鱼。

（3）落于第三象限的菜品制作时间短，销量平平无奇，属于一般类菜品。

（4）落于第四象限的菜品制作时间很长，销售贡献不佳，属于消耗资源类的菜品。

5．业务决策应用思路

（1）落于第一象限的菜品可以继续优化以提升 ROI，例如，将整个制作流程标准化，以备好半成品的方式来实现降本增效。

（2）落于第二象限的菜品可以打造几款餐厅爆品，以此作为市场宣传，或者根据这些菜品的特点开发新的相类似的菜品。

（3）对落于第三象限的菜品的销售单价进行分析，将单价较低的菜品包装出几道招牌菜展示在点餐单的封面，这些菜由于上菜的效率高，推荐顾客点餐可以在一定程度上缓解顾客等待其他菜品时间的焦虑感。

（4）落于第四象限的菜品，除了为了打造餐厅品牌而设定的菜品，其余可以考虑下架，因为制作时间很长但是销售贡献不高，属于消耗后厨资源的菜品。

基于以上业务结论，餐厅老板对接下来的管理策略有了非常清晰且明确的目标。当然，餐厅的数据分析工作尚未结束，优化管理实现餐厅效益提升的前提工作不仅是菜品结构优化和保证菜品质量的稳定，还有不同菜品的定价策略也需要一并做调整。菜品的定价策略还需要更深入的数据分析和市场调研，本书不做赘述。

6. 案例小结

本案例旨在介绍通过象限分析模型帮助餐厅找到管理优化提升效益的切入点，着重介绍象限分析模型的适用场景、业务决策应用案例。

餐厅优化管理的目标是降本增效，餐厅最核心的盈利指标销售额是结果指标，但运营解决方案需要面向过程指标，每一个结果指标可能涵盖两个或者两个以上的过程指标，所以需要对业务有深入的了解，案例列举了几种适用于餐厅的销售额拆解公式，不同的业务场景适用不同的商业拆解方法来找到解决方案的指标切入点。

在寻找问题切入点的过程中，需要具备清晰的业务问题思考逻辑和商业拆解能力，在数据分析过程中，商业拆解能力是数据分析师、商业分析师或者问题解决者必须具备的一项重要能力，它决定了后续数据分析的整个方向。如果解决问题的方向不明确或者出现偏差，那么后续数据分析结果与业务需求会出现背道而驰的情况，所以本案例在介绍餐厅如何进行商业拆解方面耗费了较大篇幅，希望读者仔细思考，以理解分析思路。

4.2.3 案例 2：纸业零售商如何提升门店业绩

Z 企业是一家专门销售各种工业包装用纸的零售商，出售的包装纸品种很丰富，主要销售品种如表 4-2 所示，线下有几家大的连锁门店，线上业务是后来慢慢发展的，销售的主力渠道还是在线下。刚开始做的几年，企业销售业绩还可以，近几年零售门店的销量有所下滑，企业高层对市场做了一番调研后，决定优化自己的商品结构，引进一些新的商品以改善自身的品牌形象，也能更好地实践差异化销售策略。所以，为了补充新鲜品类，目前需要淘汰一些旧的商品，以便门店有空间陈列新品。

表 4-2

包装纸类型
薄页包装纸
普通包装纸
条纹包装纸
农用包装纸
香皂包装纸
皱纹轮胎包装纸
浆渣包装纸
铝器包装纸
包装原纸
再生牛皮纸
再生水泥袋纸
防水袋纸
磷肥袋纸
再生皱纹封袋纸
包装纸
牛皮卡纸
灰衬纸
蓝色包砂纸
复合皱纹原纸
机制白皮纸
更空镀铝原纸
真空镀铝纸
胶片衬纸

1. 业务问题思考

针对 Z 企业的业务需求，同样可以利用象限分析找出重要指标表现不佳的商品。

Z 企业目前的业务需求是淘汰旧的商品，所以象限分析的维度要与销售及市场有关。市场的受欢迎程度可以关联成交用户数的指标进行分析，销售取核心指标，即销售额，所以最终象限分析的指标可以取成交新用户数、成交老用户数和销售额 3 个分析指标。

2. 数据口径思考

最终分析模型需要用到成交用户数指标，成交用户数的取数逻辑是在一定时间长度下进行结果统计。每一种纸张类型的上市时间不一致，如果取自历史以来所有的成交用户数，则对之后时间上市的商品不公平，统计口径不一致无法做对比，所以取所有品类都上架销售的第 1 个月的销售数据开始分析。

> **注意**：成交新用户数与成交老用户数需要进行去重计算。

取出销售数据源后借助分析工具，分析结果如图 4-9 所示。

3. 图表说明

图中空间较小，纸张类型显示不全，故这里不显示系列名。

图表名称为气泡图，气泡图区别于案例 1 中的散点图。散点图属于二维分析，气泡图属于三维分析。

X 轴：成交新用户数。

Y 轴：成交老用户数。

气泡：销售额高低，气泡越大销售额越高。

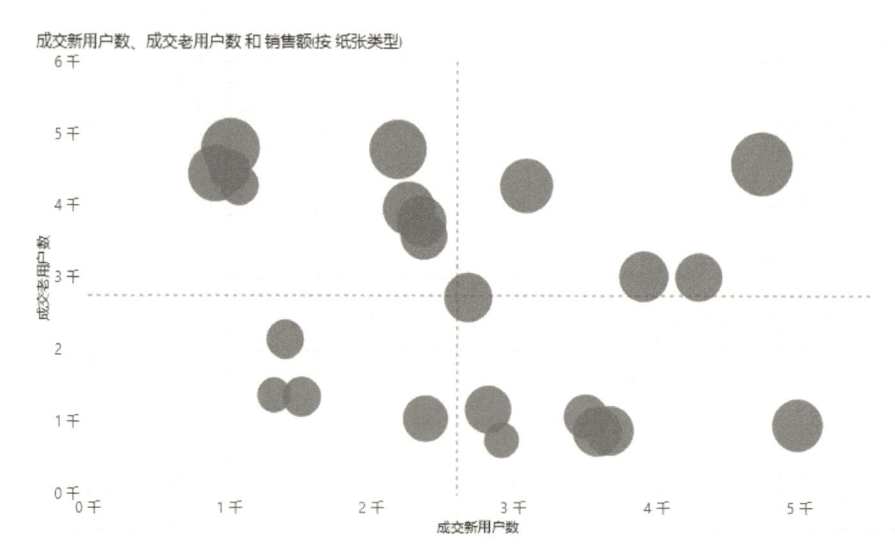

图 4-9

4. 数据结果解读

第一象限商品：该象限表示成交新用户数与成交老用户数均在均值水平之上。真空镀铝纸表现突出，成交新、老用户数均比其他商品多，销售额最高，其余商品销售额稳定。

第二象限商品：该象限表示成交老用户数在均值之上，成交新用户数不理想。该象限内商品销售额比较均衡且稳定，老用户的贡献能力较强，可能是成交客单价较高或者复购频次高。

第三象限商品：该象限表示成交老用户数与成交新用户数均不理想，该象限内商品销售额较低。

第四象限商品：该象限表示成交新用户数在均值之上，成交老用户数不理想。该象限内部分商品销售额不高可能是单价偏低，新用户数最多的商品是牛皮卡纸。

5. 分析结果决策应用

（1）销售额比较低的包装纸分布在第三和第四象限，第三象限的品类新、老用户成交数较少，销售额较一般，这些包装纸可以考虑作为此次优化下架的商品。

（2）落于第四象限的防水袋纸由于单价便宜，所以总体销售额不高，但成交新用户数较多，说明防水袋纸的商品外观对新用户具有一定吸引力，可以考虑作为购买转化的引流商品。

6. 案例小结

基于平面坐标的象限分割除了案例 1 中用散点图进行二维分析，在很多业务场景下，二维分析不足以满足业务分析需求。在需要加入更多的分析维度时，可以使用适合多维分析的气泡图。本案例除了讲述象限分析模型在三维分析时的图表选取，更重要的是传达分析指标选择，无论是二维还是三维分析，在分析过程中都比分析模型本身更重要，贯穿整个业务决策链路。

在实际工作中，选择散点图或气泡图做象限分析，需要具体情况具体分析，最终以实现的业务目标为选择导向。

4.3 象限分析模型的实现

关于象限分析模型的实现有比较多的工具可以使用，最典型的是 Excel，这是最常用的做四象限图的工具，还有 BI 工具或者 Python 都可以绘制。这里，我们借助专业的 BI 工具 Tableau 来实现二维的象限分析图。

软件准备：Tableau 2019.1。

（1）准备好象限分析的数据源，数据格式参考案例 1。数据可以来自 Excel，也可以来自数据库，这里以 Excel 数据源为例。打开 Tableau 之后，在菜单栏中选择"文件—打开"命令（见图 4-10）。

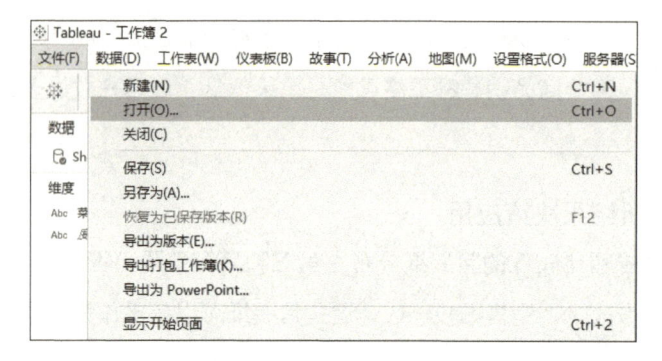

图 4-10

（2）将所有数据导入后，可以看到 Tableau 的数据界面（见图 4-11）。

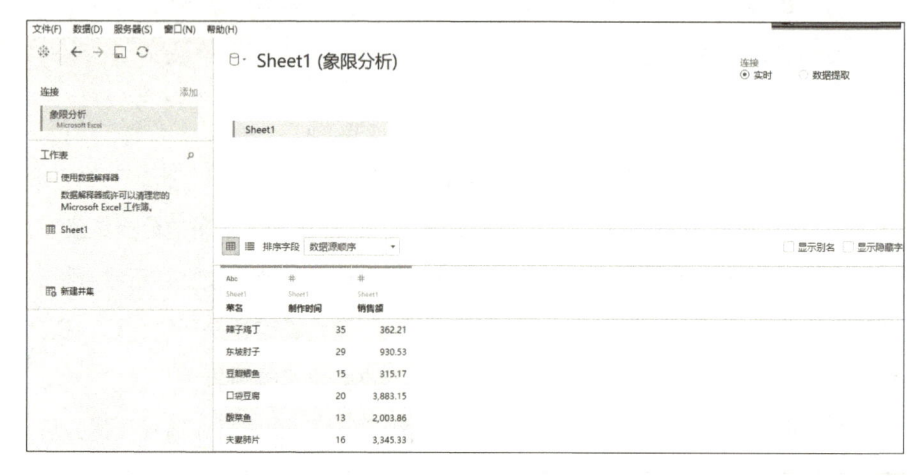

图 4-11

（3）开始制作散点图。将菜品的制作时间拖入"列"空白处，将销售额拖入"行"空白处，然后将菜名拖入"标签"，同时拖入"详细信息"（见图4-12）。

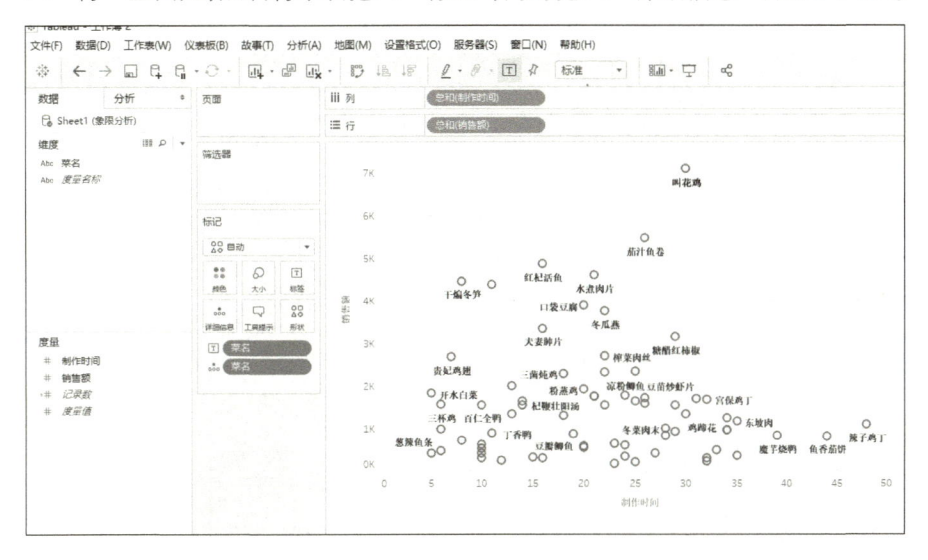

图 4-12

（4）选中 x 轴，然后单击鼠标右键，在弹出的下拉菜单中选择"添加参考线"命令（见图4-13）。

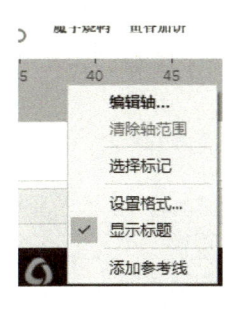

图 4-13

（5）弹出"添加参考线、参考区间或框"对话框，添加参考线，这里以平均值为分割线（见图4-14）。

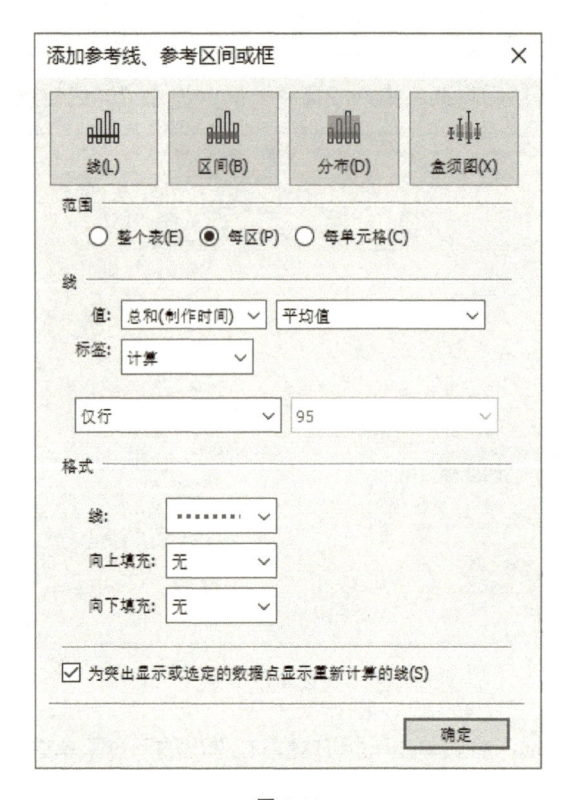

图 4-14

（6）选中 y 轴，然后单击鼠标右键，在弹出的下拉菜单中选择"添加参考线"命令（见图 4-15）。

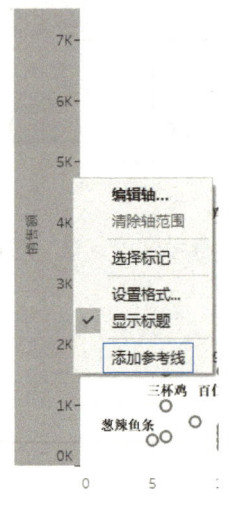

图 4-15

（7）弹出"编辑参考线、参考区间或框"对话框，添加参考线，这里以平均值为分割线（见图4-16）。

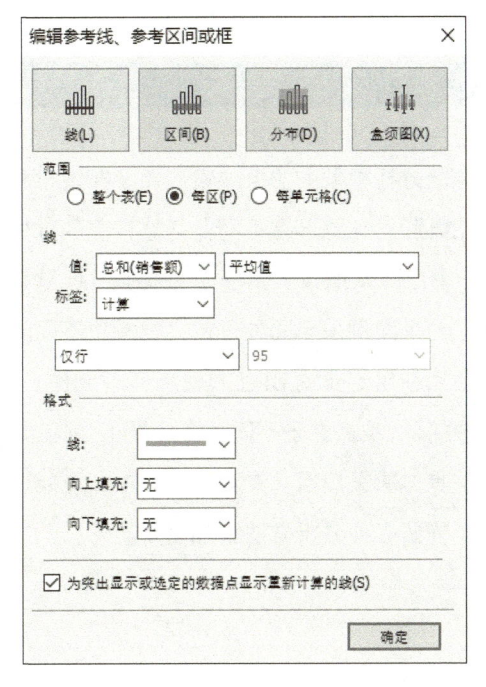

图 4-16

（8）单击"确定"按钮以后，结果如图4-17所示。为了象限更为直观，这里手动为大家标注了象限顺序。

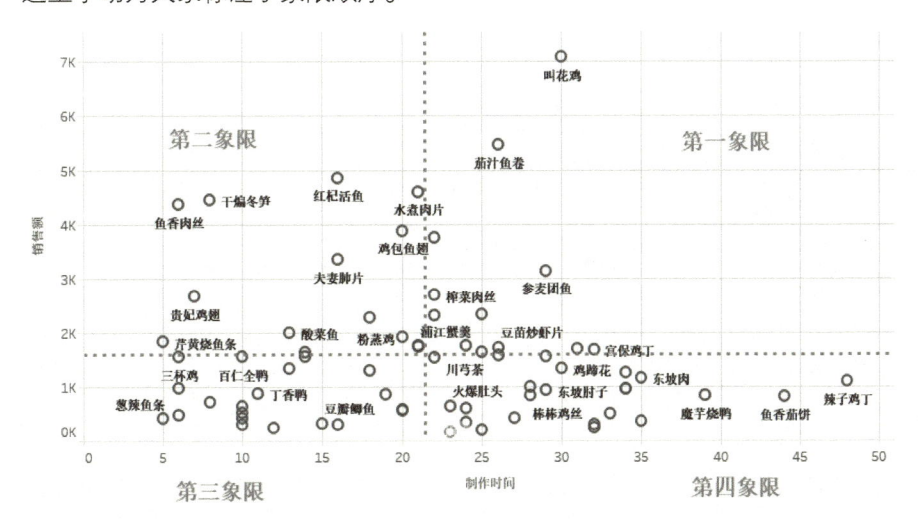

图 4-17

至此，四象限图就制作完成了，分析方法的实现比较简单，重要的是制作之前的业务思考和结果应用。

4.4 本章小结

本章主要讲述象限分析模型的业务决策应用及实现，利用两个案例分别讲解了象限分析中的二维和三维图形在不同业务场景下的分析和决策应用。案例 1 的业务目标是帮助餐厅降本增效；案例 2 的业务目标是帮助纸商优化商品结构，实现旧品淘汰。两个案例采用同种分析方式解决不同问题，以说明分析模型应用的灵活性。最后利用专业的 BI 工具进行实现制作。

该分析方法比较简单，难点在于不同业务场景下如何选取合适的分析指标，以及后续分析结果的具体决策应用。在实际工作中，可能一个分析方法无法解决完整的业务问题，需要多种分析方法叠加使用。

第2篇
零售企业进阶分析方法应用

至此,常用的基础应用方法已经介绍完毕,但实际业务是非常复杂的,只靠基础的分析方法无法支撑所有的企业经营,所以本篇选取一些较为复杂且典型的数据分析模型。

如何做商业分析?如何高效地做商业分析?

战略分析如何做?

流量变现的时代如何做用户运营?

……

很多现代化的商业名词总是让人云里雾里,所以每一章都详细介绍了模型背景、适用的业务场景及案例实战,希望能帮助读者"视"到庐山真面目。

第5章 快速厘清自己，掌握外部形势：SWOT分析

"小王啊，集团计划开设一家新店，定位为高端消费者，这里有3家大的购物中心A、B、C作为选址地方案，你从商业分析的角度出个分析报告作为决策的数据基础。"

小王是某大型餐饮集团的商业分析负责人，指派分析报告任务的正是他的直属领导。

对于领导指派的任务，小王不敢有丝毫懈怠，但同时感到异常迷茫，领导一共给了他3个购物中心作为选择，其中一家商场本身走高端路线，其他两家商场稍微次点。如果新店要走高端路线，则可以直接选其中一家高端商场，不过这家购物中心租金贵，所以领导没有直接决定，应该是考虑了这个原因的。小王并不清楚领导心里的真正想法，所以这篇分析报告不知从哪个方面入手，需要对比哪些维度，才是领导想要的。

5.1 SWOT分析的原理

基于开篇小王面临的选址分析问题，对商场的分析有很多维度。如果对所有涉及的数据指标进行全盘思考，则会发现缺乏一根贯穿始终的分析逻辑主线；如果逐次对每家购物中心做市场调研分析，则需要耗费大量的工作时间，最后依然面临收集到的信息乱而杂、零碎的指标无法完整阐述一个指向的业务问题。所有的分析结论都需要有客观的市场数据作为支撑，所以这篇报告实际上很复

杂,且具有一定的难度。

基于这种情况,可以引入一个高效的战略分析模型:SWOT分析模型。

SWOT分析模型曾被命名为态势分析法,于20世纪80年代,由美国教授韦里克提出。通常情况下,SWOT分析模型更多用于企业战略决策分析。因为SWOT不仅涉及企业内部分析,还涉及企业外部的因素分析,所以具有一定的市场分析价值。一定程度上,它与其他章节介绍的分析模型有所区别。

首先,来认识一下SWOT(见图5-1),它是4个单词的首字母组合,所以整个模型来源于4个战略性指标。

S(Strengths)优势	W(Weaknesses)劣势
O(Opportunities)机会	T(Threats)威胁

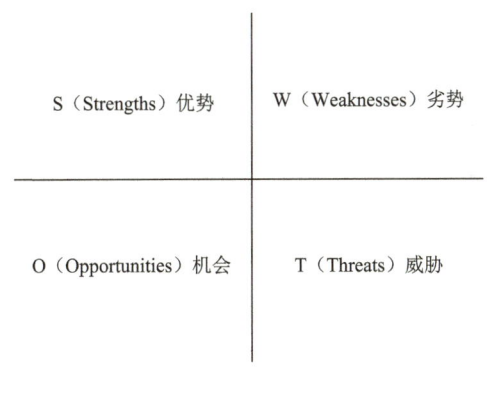

图 5-1

S(Strengths):优势。指企业自身拥有的各种优势,例如,拥有前沿的科技技术,我有他无、他有我更精的技术;企业拥有高科技的人才,他有我专;拥有具备更丰富实战经验的专家团队、更优质的渠道流量等。企业优势并不特指哪些方面,优势在于我有他无、他有我更胜一等的企业筹码,在任何具有对比性结果的情况下强于市场上其他竞争者。

W(Weaknesses):劣势。指企业自身的各种短板,例如,产品没有其他企业完整或者贴合业务;产品的用户体验比不过其他企业;企业的设备陈旧;不具备前沿的设施;企业人员专业能力弱于其他企业,等等。企业劣势并不特指哪些方面,劣势在于我无他有、他有我无法与之对抗的企业筹码,在任何具有对比性结果的情况下弱于市场上其他竞争者。

O(Opportunities):机会。指企业面临外部环境的各种利好政策、有利的竞争格局或者有利的社会信息等。企业面临的机会并不特指哪些方面,机会属于一种机遇，例如，企业新品要上市，社会性新闻正好利于新品的未来发展空间，此时的社会性新闻于企业而言属于一种外部机会。总的来说，利于企业改善某方面的经营状况、利于发展新业务，或者可以帮助企业创造效益的机会都属于一种利好的机会。

T（Threats）：威胁。指企业面临外部环境的各种具有不利导向的政策、不利的竞争格局或者不利的社会信息等。企业面临的威胁并不特指哪些方面，例如，企业新品要上市，企业的竞争对手研发的相似产品也正好上市，于企业而言，自己未上市的新品的竞争压力变大，市场占有率的不确定性因素有所增加，此时企业就面临经营性的威胁。总的来说，不利于企业改善某方面的经营状况、不利于发展新业务，或者不利于帮助企业创造效益的机会都属于一种威胁。

总的来说，SWOT分析模型的核心思想，是对竞争市场的企业而言，长期处于挑战与机遇并存的生存状态（见图5-2）。

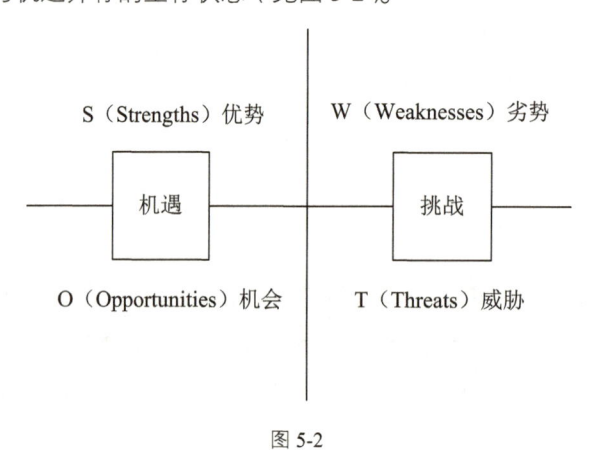

```
       S（Strengths）优势      W（Weaknesses）劣势

            ┌──────┐             ┌──────┐
            │ 机遇 │             │ 挑战 │
            └──────┘             └──────┘

       O（Opportunities）机会   T（Threats）威胁
```

图 5-2

SWOT分析模型属于整理分析思路的方法，模型思想是对分析主体按内、外部的机遇与挑战将分析主体所有的信息资源进行分类分析，以帮助分析者快速、高效地掌握当前所处形势。例如，企业在决定是否开展新业务时，通过SWOT模型分析可以对当前市场风向及自身的优、劣势有较为准确的决策判断。SWOT分析模型因为模型自身的应用属性，常用于企业战略分析。

SWOT模型应用于企业战略分析有两种情况：一是将企业作为分析对象，机遇与挑战的分界点为企业，SWOT模型的"内部"指企业内所有信息资源；二是将企业单个部门作为分析对象，模型分析的分界点是部门，SWOT模型的"内部"指该部门内所有信息决策，部门之外的信息都属于"外部"信息资源，战略分析随之演变为部门战略分析。

SWOT模型只对方向进行分类，不涉及具体分析指标，实际操作会面临诸多且零碎、分散的业务指标。为了快速梳理分析思路，可以先将所有的分析维度按所属分析主体的内部和外部进行区分；然后按分析指标属于分析主体的优势或劣势，再次区分机会或威胁。如此经过两次指标归类后，整体分析思路会非常清晰。

零售业为什么要做SWOT分析？

SWOT分析模型可以视作一种企业战略分析手段，它适用于任何行业、任何企业，因为无论是商业形态中的哪一种商业模式，都需要在一定时间做企业战略型分析。于零售企业而言，企业开店、品牌建设、新品研发等都需要借助SWOT分析模型。

零售企业不像互联网企业，在某些方面试错成本较低。互联网或纯电商企业在进行广告投放时，一旦发现广告投放效果不佳，则可以及时终止该渠道的投放业务。而例如零售企业的新开门店业务，门店开业之后如果要撤店，则会面临品牌负面影响，引发大量社会媒体关注，即使发现门店销量不佳，前期准备工作不够充分，品牌商也无法及时终止，所以前期的战略性分析需要非常严谨且全面，以避免企业遭受更大的损失。

考虑零售业的复杂性，多数场景下使用SWOT模型做分析不仅可以帮助分析者快速、高效地整理出有效的分析思路，提升人效，还可以帮助企业预判经营风险，找到适合企业自身发展的市场或业务方向。

5.2 两个案例：SWOT分析数据化决策怎么用

通过5.1节对SWOT分析模型原理的详细分析，大家对它有了比较深入的理解，接下来主要介绍它可以支持的业务决策场景。本章开篇举例小王遇见的分析困境，属于一个非常实际的工作业务场景。小王的分析困境如何解决？SWOT分析模型适用的其他业务场景有哪些？这是本节接下来探讨的重点内容。

5.2.1 模型适用的零售业务场景

SWOT 分析模型除了适用于开篇提到的购物中心选址的场景，还可以在哪些业务场景发挥战略决策价值，这里总结几个方向，实际应用包括但不限于以下内容。

1. 企业战略分析

企业战略分析属于 SWOT 分析模型的原生应用，例如，在大数据时代，大型零售集团是否对企业 IT 信息化建设进行重新规划及实施，将大数据应用、人工智能囊括在内；企业内部各业务系统是否重新规划；在私域运营的风口上，品牌零售企业是否收回市场的代运营权；自身的业务模式是否纳入新型的零售玩法……这些都属于企业战略层面的决策，它无法经某个高层管理者的"经验主义"或者拍脑袋进行决议，所有决策不仅需要考虑自身的现状和能力，还需外部市场环境的变化，企业想要步步为营，就需要步步谨慎，以完整的市场调研和内部分析作为决策依据。

2. 零售企业开店的选址

本章开篇的案例，餐饮集团开设新店，采取依托购物中心的策略可以为企业规避很多复杂的工作。如果开设独立商圈门店，那么餐饮集团需要考虑到的市场因素会更多，门店周围的商圈客流、门店附近的竞品情况、地理半径内的常住人口及交通距离等，小王的选址分析报告会更加复杂。

无论餐饮集团开店采取哪种策略，SWOT 分析模型都适用，在 5.1 节介绍过 SWOT 模型的核心思想，当一项业务决议需要综合评估企业内、外部影响因素时，SWOT 模型是最有效、最经典的分析模型。

3. 商品分析

这里说的商品分析区别于一般的企业商品分析，比如商品定价、商品受众、商品不足等分析。SWOT 分析模型适用的商品分析指的是企业对一款商品进行战略性"动作"，例如，商品退市、新品上市、商品市场价格上调，或者商品更改包装等。总体而言，不仅要考虑企业内部能力，还需考虑市场反馈时的分析，这就上升到战略性手段。

4. 品牌舆情分析

一个品牌的口碑和它在用户眼中的定位及用户体验，与企业从自身角度评估自己完全不一样，同理于我眼中的自己与他人眼中的自己，可能出现部分信息重合，也可能南辕北辙。

例如，基于微博或者电商平台的评论，通过语义分析可以分析出用户眼中的"自己"。用户眼中的品牌形象决定用户与品牌的关系，会影响多方面的业务指标：用户的生命周期、购买力、购买品类等。例如，一款护肤品，如果65%的用户评论反馈油腻，于企业而言这款产品的劣势是自身配方不切合市场，用户体验感很差，所以这款产品的市场发展具有一定的劣势，且面临竞品威胁（见图 5-3）。接下来的决策性问题是企业是否考虑对这款产品进行配方调整或者下架。

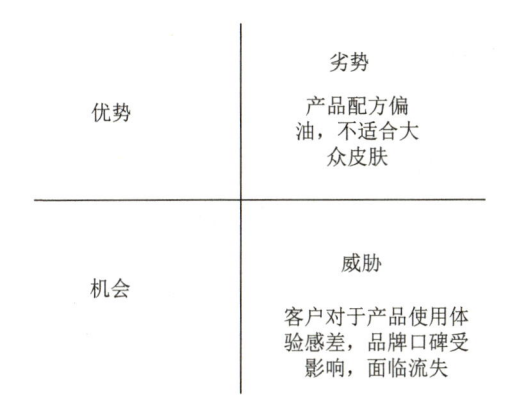

	劣势
优势	产品配方偏油，不适合大众皮肤
机会	威胁
	客户对于产品使用体验感差，品牌口碑受影响，面临流失

图 5-3

在实际工作中，使用 SWOT 分析模型的场景包括但不限于上述例子，举例是为了开拓模型的应用思路，思路打开后会有源源不断的应用需求。

5.2.2 案例 1：用户眼中的品牌是什么样的（市场决策）

Z 企业是一家护肤品零售企业，企业创办初期，国内的护肤品市场竞争没有现在激烈，国外品牌对国内市场的冲击力也不强，所以在早期企业总体销量蒸蒸日上。随着国内电子商务的发展，市面上的品牌越来越多，很多比较年轻的护肤品品牌打破了市场的竞争格局，特别是电子商务的发展，购物失去了时间、空间及设备的限制，品牌遭遇了前所未有的市场挑战，业绩不断下滑。

因为品牌比较老，企业的经营模式还是以传统的快消模式为主，主要是走卖场、经营代理模式。对大数据时代的业态而言，这种经营模式非常不利于企业收集完整的经营数据。品牌最终的消费者是 C 端用户，但直接面向消费者的不是企业自身而是下游的经销商，所以很多实在的市场反馈数据无法收集，鲜有的收集渠道只有微博，或者电商平台的评论反馈。

目前，鉴于日益下滑的业绩，Z 企业的高层领导一直想找一个突破点。经过内部多轮产品讨论后，决定从 AA1 水乳系列开始，在产品配方、包装升级、价格差异化等方面评估突破点。不管选取哪一个突破点，绝不能用过往的经验主义或拍脑袋主义进行战略性决策，所以需要进行数据分析。企业内部沉淀的数据有限，只有部分电商平台到 C 端的销售数据，其他是下游的发货数据，总体来看进行战略性数据分析的数据源不足。

1. 业务问题思考

针对数据源不足的问题，数据团队想了一个办法，借助爬虫工具，将自己铺货的电商平台上的所有销售的评论数据全部提取。另外，提取品牌微博舆情数据，将客诉部收集到的用户投诉信息一并纳入。销售数据呈现的是数字，数字是结果，无法完整呈现用户的真实想法，所以尝试对用户"说"出来的话进行深入的分析。

（1）销售评论数据属于用户较为客观实在的真实反馈，基于评论数据的分析，可以发现用户眼中的"自己"，评估与企业眼中的"自己"的差异，并进行改进。

（2）微博及用户投诉数据，同样属于文本信息，也属于用户较为真实的"言语"，所以评估企业整体品牌市场反馈需要一并纳入。

（3）想要分析 AA1 水乳系列，需要单独对这款水乳系列的评论数据进行文本性分析，着重分析用户对该系列产品的真实使用体验及反馈。

（4）为了更好地进行战略性分析，本次一并提取企业对标的基本竞品信息，如产品 SKU、系列销量、系列价格线信息。

确定好分析思路后，数据团队开始着手网上数据的提取和内部数据取数的工作。

最初的文本信息非常杂乱，基本就是长串的文字描述，如表 5-1 所示。

表 5-1

没有之前买的好，精华液不比之前的多，之前是蓝色的，颜色都不一样，可能不是正品
用着比较油，不清爽，假的吧
送芦荟胶，送面膜，都没送，都是假的，差评，我一会给你们拍照片
感觉还可以，同事说味道不好闻，怕不是正品。用用看吧，好的话以后还会光顾的
感觉像是假的，特别是那个洗面奶和面霜，还不如贵一点买真品
标签下面还有一个标签，什么意思。假货？大品牌搞这样儿

2. 分析逻辑思考

对文本性数据进行分析是一项耗时且复杂的工作。做文本数据分析前，需要先进行情感性词汇提炼，分词属于监督学习，需要做一些分词样例供算法学习。首要的工作是将业务方较常关注的几个方向划分出来，经过一番详细商讨后，制定出如表 5-2 所示的分词逻辑。

表 5-2

维度归类	关键词分类	评论描述语	正向情感词	负向情感词
价格	性价比	零售价格，售价，价格，性价，产品价格，价，卖价，含金量，价钱，定价，价格水平，销售价格，价位，供应价格，报价，性价比	买一送一，送，买二送一，买2送1，买1送1，价优，价廉物美，质优，特推，正价，划得来，很值，物有所值，公道，特惠，实惠，价美，价格合理，原价，价格低廉，超值，合算，仅售，品种齐全，货真价实，平价	划不来，不划算，贵

数据分析师和数据工程师收到业务方提供的分词逻辑后，对所有文本数据对照业务方给的分词逻辑进行统一分词，分词最终结果如表 5-3 所示。

表 5-3

分类	情感	日期	评论数据
包装	负向	2016/4/12	很少差评，不过这次真的有点不爽，包装瓶看起来很不清爽
包装	负向	2016/4/9	不知道效果怎么样，只是觉得这个瓶口设计用起来不太方便
包装	负向	2016/5/15	两个字，差评！包装极差，怎么看，怎么不正规。打开一瓶，连密封盖都没有
包装	负向	2016/6/14	我拿到的瓶口没有封口，还有瓶口明显有点脏
包装	负向	2016/4/27	包装很简陋，没有密封性，这就算了，打开后发现一盒有将近一半是空的

因为不是手工分词，所以采用分词算法后的结果会存在一定误差，数据结果还需要多次迭代。如何做文本分析不是本章重点内容，所以不展开细述，有兴趣的读者可以自行尝试。我们主要介绍基于分词结果进行SWOT模型的实现。

在业务思考过程中，我们介绍过需要对竞品数据一并做分析，主要是考虑对一款产品的战略性调整，也需要对照企业的竞品情况。虽然护肤是一种刚需，但护肤品市场品牌众多，竞争异常激烈。在进行战略性调整时，如果忽略竞品发展情况，那么企业无异于闭门造车，对竞品做更深入的分析和研究可以在"战场"上百战不殆。

3. SWOT分析模型提炼

综合评论数据的分词结果和竞品分析，我们对所有结果进行SWOT模型提炼，通过模型呈现的分类结果了解用户眼中的"企业"，以及AA1系列产品在市场中的发展现状。

S（Strengths，优势）：企业创立较久，具有一批稳定的用户，在线下具有一定口碑，AA1系列的乳液保湿效果很优秀。

W（Weaknesses，劣势）：线上旗舰店属于代运营，用户有非正品的感受。AA1包装瓶不够精致、AA1系列的乳液较油腻，且容易引发过敏，物流服务差。

O（Opportunities，机会）：越来越多人关注护肤品的成分健康度，企业具有市场口碑良好的爆品。有同类成分的竞品价格较高，销量不佳。

T（Threats，威胁）：竞品最近不断上新，市场上出现较多年轻性的轻护肤产品。

总结成SWOT模型，如图5-4所示。

4. SWOT分析模型结果应用

将上述所有分析结果经过SWOT分析分类提炼后，企业高层对目前品牌的市场形势有了较全面的了解，对AA1系列乳液接下来的策略调整也有了清晰的方向。

（1）关于品牌优势：维系好老用户，做好CRM，让其成为品牌口碑的宣传者，根据AARRR模型，老用户是最好的用户增长KOL。

优势 1. 企业产品拥有稳定用户 2. AA1产品保湿口碑不错	**劣势** 1. 线上旗舰店给用户的感受是非正品 2. AA1产品相对油，容易引发过敏
机会 1. 市场关注成分健康 2. 同类竞品价格过高	**威胁** 1. 市场竞争激烈 2. 竞品研发新的产品线 3. 新生品牌较多

图 5-4

（2）关于品牌劣势：考虑收回旗舰店的代运营权，这样可以让品牌与消费者衔接的纽带更为紧密。对 AA1 系列产品进行配方改良。

（3）关于机会：作为本土国货，品牌创立时间较久，可以做一些成分更健康的产品线，例如，萃取植物成分改良配方。在价格赛道上走差异化路线。

（4）考虑到竞争日益激烈的市场，品牌需要考虑战略性调整，重新考虑品牌目前的定位及受众群体，这一项需要更多的市场数据来作为支撑，无法直接做决策。

上述决策只是针对本章案例所述的 SWOT 分析模型的结果。在实际工作中，分析内容及结果比案例复杂，所以这里的决策内容不作为大家在实际企业工作中遇见的问题及应对之策，仅供参考。

5. 案例小结

本案例主要通过舆情分析的业务场景，介绍通过舆情数据如何实现 SWOT 分析模型，重点不在于如何做舆情分析。同时，因本书篇幅有限，无法完整展现舆情分析的全过程，所以案例的重点在于阐述面临陌生的业务场景，如何从 0 到 1 实现 SWOT 分析模型。

5.2.3　案例 2：备选开店的 3 家购物中心该如何选择（企业战略）

对本章开篇小王面临的分析困境，我们同样可以借助 SWOT 分析模型来解决。

餐厅集团领导指派给小王的任务，属于商业分析课题。很多连锁品牌企业会有专门的选址部门，在传统的选址工作中会有一些比较固定性的考量因素，商业分析的思维考虑方式与传统选址部门会有部分指标重合，多数指标不同。

为什么SWOT分析模型可以解决小王面临的分析困境？

餐厅集团领导指定对比3家购物中心，3家购物中心可以对比的因素有地理位置、客流、人群定位、购物中心产业分析、品类分布、平均消费客单价、常消费人群等，因素非常多。但对标SWOT分析模型的4个指标，购物中心本身的优势、劣势是首选的考量因素，购物中心面临的机会和威胁关系未来的发展走向，将所有的指标按S、W、O、T进行分类，每一家购物中心的可选性指数一目了然。

回到小王接下来要做的工作，确定分析模型之后，分析方向和思路已经明确，首要面临的重点问题是选择什么样的分析指标。

1. 业务问题思考

（1）只做3家购物中心的数据指标对比是否足够？

（2）分析指标众多如何选择？

如果仅对3家购物中心的横向数据指标进行对比，比如，哪家购物中心的租金便宜、客流量大、定价低等简单的比较，则具有一定局限性。对一家购物中心而言，它未来的发展受周围环境的影响，所以以购物中心作为分析主体进行SWOT模型分析时，每一家购物中心的机会和威胁应作为分析重点。

将购物中心作为分析主体进行SWOT模型分析属于第一层级分析，每一家购物中心都遍布不少的竞品餐饮商家，所以，除了以购物中心作为分析主体，还需对该餐饮集团在每一家购物中心新开店面临的自身优势、劣势，以及竞品的威胁和机会做详细的SWOT分析。经过两个层级的战略性分析后，其结果作为选址决议的依据较为严谨、可靠。

如何选取数据分析指标？总体而言可进行对比的分析指标非常多。如果所有指标全部用上，则会造成重点不突出，出现"眉毛胡子一把抓"的结果。在时间有限的情况下，应优先挑选领导最关注的几个点，例如，集团预算比较紧张，就优先分析对比指标——可选租金费用。

2. 数据分析思路

这里简要列举几个指标进行 SWOT 分析作为示例，结果如图 5-5 至图 5-7 所示。

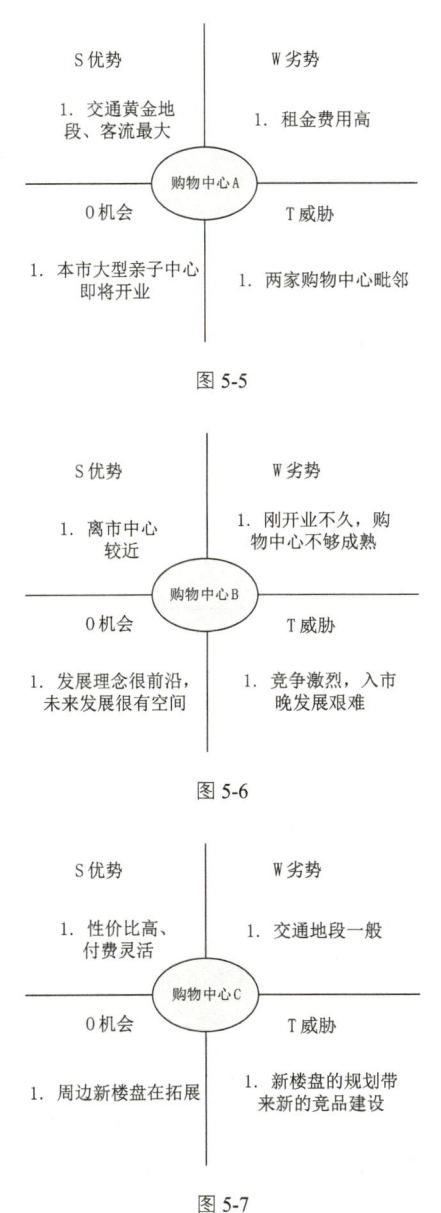

购物中心 A：
- S 优势：1. 交通黄金地段、客流最大
- W 劣势：1. 租金费用高
- O 机会：1. 本市大型亲子中心即将开业
- T 威胁：1. 两家购物中心毗邻

图 5-5

购物中心 B：
- S 优势：1. 离市中心较近
- W 劣势：1. 刚开业不久，购物中心不够成熟
- O 机会：1. 发展理念很前沿，未来发展很有空间
- T 威胁：1. 竞争激烈，入市晚发展艰难

图 5-6

购物中心 C：
- S 优势：1. 性价比高、付费灵活
- W 劣势：1. 交通地段一般
- O 机会：1. 周边新楼盘在拓展
- T 威胁：1. 新楼盘的规划带来新的竞品建设

图 5-7

对 3 家购物中心做完 SWOT 分析后，接下来做第二层级的分析。以餐厅作为分析主体，需要将餐厅置于 3 家购物中心内分别做 SWOT 分析，这里就

不一一列举，下面以 A 购物中心为例，说明第二层级的分析思路。

目前的情景：假设将餐厅新门店选在 A 购物中心，需要对餐厅自身的优势、劣势，以及它面临的机会与威胁进行分析，机会威胁来自 A 购物中心的消费环境及竞品餐厅。

首先，对 A 购物中心做详细的商户调研和竞品信息调研，关于商户调研的基础数据如表 5-4 所示。

表 5-4

商户编码	商铺名	楼层号
1047539	VERSACE	1F,101A
1047537	Valentino	1F,115
1047536	Tory Burch	1F,102
1047535	TOD's	1F,133
1047534	SWAROVSKI	1F,116B
1047532	MONTBLANC	1F,104
1047531	KENT&CURWEN	1F,105
1047530	HUGO BOSS	1F,107

然后，对收集到的竞品数据进行分析，经过市场调研，发现 A 购物中心共计 38 家餐饮店，菜系分布如图 5-8 所示。

菜系分布

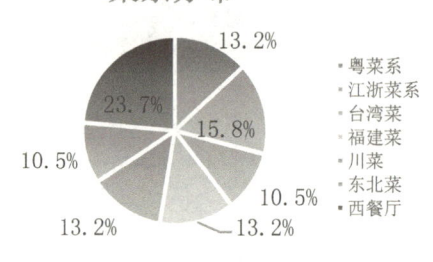

- 粤菜系：13.2%
- 江浙菜系：15.8%
- 台湾菜：10.5%
- 福建菜：13.2%
- 川菜：13.2%
- 东北菜：10.5%
- 西餐厅：23.7%

图 5-8

分析完菜系分布后，对收集到的 38 家竞品餐厅做进一步的数据分析。分析的详细指标包括：餐厅的口碑评分、餐厅菜品的价格带分布、餐厅菜品数、爆款菜品数、消费用户画像等。

3. 业务结果应用

经过详细的数据分析（分析过程、结果略过），总结业务结论如下。

（1）在 38 家餐厅中，5 家餐厅口碑评分达到 8 分以上，其余餐厅评分都在 8 分以下。

（2）多数餐厅的菜品价格定价较高，菜品较为新颖，多数为私房菜。其中有 10 家走中低端路线，菜品平均价格为 90 元左右，其中最高为 288 元。

（3）5 家餐厅走高端路线，菜品主打个性化私房菜，总体评价为菜品的原材料新鲜度较高，菜品平均价格为 198 元左右，其中，价格最低为 88 元，最高为 999 元。

（4）剩余 15 家餐厅属于普通连锁餐厅，服务水平相比其他地区的连锁店较高，服务员训练有素。

（5）剔除以上餐厅，剩余为正常连锁西餐厅，菜品较为常见，商务套餐居多，平均价格为 88 元。

（6）这里爆款菜品为汤类商品，主要是海鲜汤和滋补汤品。

如果将新店开在 A 购物中心，餐厅的 SWOT 模型分析结果如图 5-9 所示（内容较多，这里只举例部分维度）。

S 优势	W 劣势
购物中心爆品属于餐厅集团的主打菜，汤类商品在其他区域非常受欢迎	餐厅菜品价格带分布在多数竞品对标范围内
O 机会	T 威胁
大型亲子中心开业，可以往亲子套餐或者针对儿童推出差异化菜品	所有菜品品类较为丰富，新店打入阻碍较大，租金费用高前期盈利空间薄

图 5-9

至此，针对 A 购物中心第二层级的分析结束，小王剩余的工作是沿着上述分析思路将剩余两个购物中心一并进行 SWOT 分析。

（1）假设将餐厅新店开设在 B 购物中心。

（2）假设将餐厅新店开设在 C 购物中心。

将剩余场景做完分析后，需要将 3 家购物中心的背景资料及未来发展空间一并纳入购物中心选址分析报告。

最终选址由餐厅集团领导决定，小王的工作暂告一段落。

至此，两个案例介绍完毕，SWOT 分析本质上是对数据分析结果分类的思维应用模型，所以该模型应用的思路区别于本书其他分析模型，总结思路如图 5-10 所示。如果前面几个环节方向有误，模型则无任何意义，所以前期的工作非常重要。

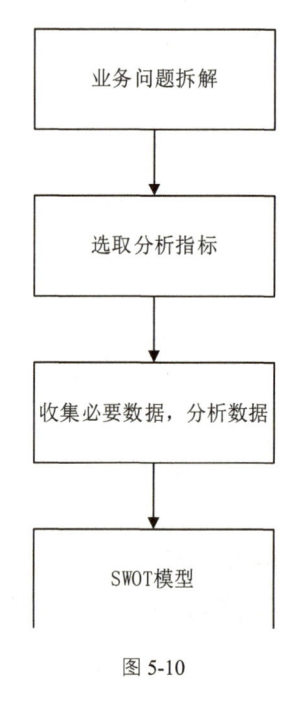

```
业务问题拆解
     ↓
选取分析指标
     ↓
收集必要数据，分析数据
     ↓
  SWOT模型
```

图 5-10

4．案例小结

本案例主要介绍在购物中心选址中，SWOT 分析模型发挥的战略价值，案例重点在于对 SWOT 分析模型的灵活应用。有些业务场景使用一次 SWOT 分析模型无法一步到位，模型的使用需要在正确的数据分析方向下进行，选取分析指标、数据分析、指标归类是 SWOT 模型的三大核心。

在实际的业务场景分析中，SWOT 分析模型解决的问题只是其中一部分。一个业务课题需要多种分析模型叠加使用，也需要对业务进行更深入的分析。例如，案例中根据实际场景需求，将整体分析思路拆出基于不同的分析主体做

SWOT 模型分析，第一层级如何选分析指标，第二层级如何选分析指标，这些属于业务分析思路梳理的范畴。所以，通过案例我们需要看到分析思路、业务理解力和业务拆解能力的重要性远高于模型的实现。

案例过程和结果仅供参考，实际工作应用是更复杂的一项工作，案例提供的是完整分析思路和模型的应用场景，而不是选址分析的内容和结果，这一点是阅读案例及案例思考中需要注意的。

5.3 本章小结

SWOT 作为经典的战略分析模型，可以帮助管理者快速梳理分析思路，高效地将繁杂的零碎信息进行分类，将企业重大事项策略调整的影响因素聚焦到企业自身优势、劣势及外部面临的机会和威胁 4 个方向上，高效地帮助管理者做出决策。

本章主要介绍 SWOT 分析模型适用的业务场景，并借助两个案例完整阐述 SWOT 分析模型在业务分析及战略分析中的不同应用场景。案例 1 应用属于常规数据分析，解决非结构化数据分析后提炼萃取有效信息进行决策；案例 2 灵活根据实际问题需求进行二次分析，以实现选址的战略性决策。

在模型实现上，它不像本书其他的分析模型需要借助一定的分析工具，SWOT 不用借助任何工具都可以实现。

下面总结一下本章表达的核心思想：学会使用 SWOT 分析模型解决需要综合评估企业内、外部的影响因素的业务问题。由于模型本身的应用属性，模型实现前的业务理解、分析指标选取及数据分析，比模型本身更重要，模型是否有效取决于前期的分析方向是否正确。

第6章

1分钟梳理10万个用户的商业价值：RFM分析

公司准备举办一次周年庆活动，参与活动优惠的品类众多。公司一共有80万个会员，会员管理部准备提前7天推送营销短信进行活动预热，如果一次性将短信推送给所有会员，那么营销成本较高，且于部分会员而言属于骚扰性行为，所以，活动推送时是否有更好的过滤手段，可以帮助提高本次活动的购买转化率。

对上述问题的困惑，很多人在实际工作中都会遇见。每家公司的会员体量不一样，如果会员体量很少，则可以考虑全员发送，因为成本低。更多品牌公司的会员体量高达数百万或上亿人，当活动档期即将到来之际，如何才能找到具有营销价值较高的用户？

这个问题的本质在于公司对自己沉淀的用户价值不够了解，用户群体越大，了解起来难度越高，所以需要借助大数据分析的手段，找到合适的价值分群模型来帮助公司对用户进行快速分类。

目前主流的用户营销模式，大多数公司采用建设用户画像系统的方式实现精准营销。用户画像系统属于一项系统工程，从0到1实现需要耗费大量的人力和IT资源的投入，是需要进行长期规划和迭代的工作，所以无法快速支撑用户价值分群，总体成效较慢。

> **注意**：本章提及的营销触达渠道并不限于短信，目前由于《中华人民共和国个人信息保护法》的颁布，对于营销触达渠道的政策一直在变，企业根据政策改变触达渠道即可。

6.1　RFM分析的逻辑原理

有什么成熟的分析模型可以帮助企业快速找到合适的营销人群？

基于这个问题，引出本章的核心内容：RFM分析模型（见图6-1）。RFM分析模型的原生应用场景是快速找到当次活动最具有营销价值的用户群体，它不属于数学模型，严格意义上属于业务思维应用模型。

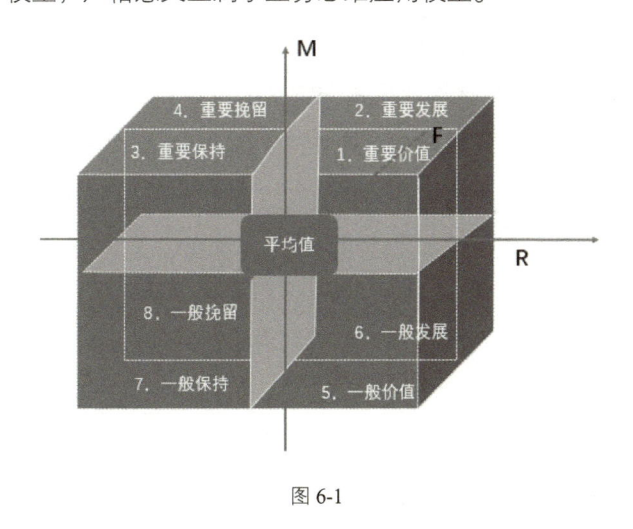

图6-1

1．为什么RFM是一套业务思维应用模型

RFM分析模型与数学和统计学没有任何关系，它是由3个业务指标R、F、M组成的模型，模型没有明确的量化指标来定义R、F、M的标准阈值以帮助结论判定。RFM模型在业务决策中具有一定的显性成效，尤其在泛零售业的会员营销场景中，有人将其称为营销黄金三要素。

下面思考两个问题：RFM到底是什么？为什么R、F、M是企业营销的黄金三要素？

先来看一下R、F、M的定义。

R（消费时间）：指用户最后购买企业商品的时间距离现在的时间长度，部分时候也被命名为新近度。在营销领域，多数人认为用户最后一次购买时间离现在的时间距离越近越好，这些用户可能是新用户，也可能是长期购买的忠诚用户，或者是回归的老用户。在最近一段时间里有消费记录，说明这些用户对企业商品还有需求或者还认可企业品牌。

F（消费频率）：指用户平均购买企业商品的次数，频次越高越好。频次越高意味着用户对企业本身的品牌认可度比较高，或者对企业商品有较高的需求度，所以这些用户再次响应活动，进行购买的概率较高。

M（消费金额）：指用户在企业花费的所有支出，与消费频次同理，消费金额越高越好。某种程度上，消费金额高的用户意味着他具有较强的购买力，从营销转化的路径来看，用户需要先有需求，同时具有一定的购买能力，最后才会进行购买转化，所以，于企业营销而言，消费金额是一项关键评估指标。

通过上述对 R、F、M 这 3 个指标定义的解释和分析，可以看出 RFM 属于一套思维应用模型，它综合 3 个用户的主要行为指标作为用户价值分层的依据。当消费的时间间隔越短时，消费频次越高，消费金额越高。3 个指标交集的用户属于企业高价值用户，在营销实践上属于高响应率人群。

RFM 分析模型同时也是现代化 CRM 中很重要的一部分，它通过对用户的价值分层为企业 CRM 提供了分类管理的依据，让企业可以有效提升自身的用户服务能力。

CRM 是什么？

CRM（Customer Relationship Management，用户关系管理）主张用户是企业的核心资产，企业和用户在任何情况下都要保持长久且友好的伙伴关系，在良好合作的前提下，可以最大限度地延长用户对企业的贡献生命周期，帮助企业实现用户价值的最大化。

下面思考一个问题：为什么 CRM 要做用户价值分层？

本书在第 3 章中提到企业的精力、时间及成本投入都是有限的。在有限的资源下企业无法对所有的用户一视同仁；反之，不是所有的用户对企业做的销售贡献都在同一个水平线上。所以，企业要将自己的精力和时间专注在能够为企业带来更高价值的用户群体上，以提高企业整体资源投入的 ROI。

帕累托分析模型从某种程度来说也属于用户分类模型，它可以帮助企业挖掘出贡献度靠前的 20% 用户，但是前 20% 用户的具体行为特征无法清晰体现，只聚焦销售额一个维度较为单一。所以，进行用户价值分层时纳入 RFM 分析模型，在维度更丰富的前提下，用户分类可以有更细。

2. 零售业为什么要做 RFM 分析

回到本章开篇的问题：如果企业有 80 万个会员，那么营销活动的主要人群怎么选？

如果品牌企业不借助数据分析手段，那么企业可以选择盲发，即随机发送或者全会员发送，随机发送的转化率无法估算，但全员发送的策略将覆盖所有潜在响应人群，所以全员发送是最佳策略。

企业如果对每一档营销活动都忽略推送成本，采取全员推送的策略也并无不妥。但有一种情况，假设单次营销活动响应率为 5%，则有 95% 的人群不响应，即 95% 的用户为无效触达人群。此时，95% 的触达成本变为沉没成本，等下一轮营销活动，活动推送结果依然有 95% 的用户或者 85% 的用户属于无效触达人群，企业营销成本不断累加，用户所受的营销骚扰次数在不断增加，此时企业将面临用户对品牌好感度的降低，以及越来越低的 ROI。

新零售的重点在于全渠道营销，私域运营的重点在于全域营销。目前几乎所有的品牌零售商的粉丝数都已达到数百万的规模，如果遵循上述营销思路，那么高昂的营销成本会很快成为品牌企业进行业务拓展的一大障碍。

用户价值分层的策略并不局限于企业线下渠道使用，它同样适用于企业全渠道、全域的用户管理，所以对于零售企业而言，有效地进行用户价值分层可以帮助企业更好地进行用户运营，以个性化的服务满足不同用户群体的需求。

6.2 两个案例：RFM分析数据化决策怎么用

RFM 作为一个经典的分析模型，应该如何运用于实际的工作场景中，是不是一或不变的，如何有效支撑业务决策，这些是接下来要探讨的内容，可以借助实际的应用案例来更深入地理解 RFM 模型。

6.2.1 模型适用的零售业务场景

RFM 适用的业务分析场景其实较为单一，本章前面部分已多次提及，主要应用可以分为以下两种情况（见图 6-2）。

```
  ┌─────────────┐        ┌─────────────┐
  │ 营销活动人群筛选 │        │   用户管理   │
  └─────────────┘        └─────────────┘
```

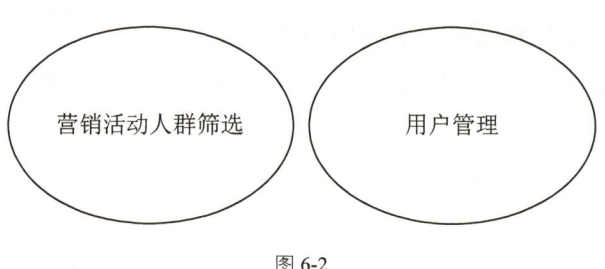

图 6-2

（1）营销活动人群筛选：这个场景在以上内容中已经讲了很多，使用 RFM 模型可以帮助企业找到营销响应率比较高的人群，所以对企业来说，在每一次营销活动中都可以引入这个分析方法。需要注意的是，企业每一次营销活动的目标都不一样，例如，以用户关怀为营销目标的活动与新品上市的营销活动，或者品牌周年庆积分兑换的活动等，RFM 模型本身只考量了 3 个行为特征指标是远远不够的，因此，建议在实际使用过程中，RFM 只用来做人群过滤的基础模型。

（2）用户管理：本章开篇提到过用户关系管理，企业要与用户维系长期稳定的合作关系，但是时间、精力有限，无法照顾到所有的用户。另外，每个用户的需求也不一样。所以如果要秉承以用户为中心的经营理念，那么对用户实行差异化管理是势在必行的。借助 RFM 可以将用户按价值维度分化，当 R、F、M 这 3 个指标都达到最优的群体时，就属于企业高价值用户，企业对这类用户群体在日常用户关怀中需要给予更高的关注，以及提供更优质的服务。企业针对 VIP 群体的服务也是相同的管理理念。

1. 场景应用注意要点

RFM 有一个重要的考量指标即购买时间，模型结果的优质人群是指消费时间距离现在越近越好，但例如家电商品，一台洗衣机基本使用寿命为 8 年左右，对刚刚购买过洗衣机的用户，不宜再去推荐同类产品。所以，在使用 RFM 分析模型时，对耐用消费品（简称耐消品）或者其他带有特殊属性的商品不是很合适，RFM 分析模型比较适用于快速消费品（简称快消品）零售企业。

如果耐消品企业一定要使用这个分析方法，则可以考虑换一种场景，例如，对刚刚购买过洗衣机的用户群体推送冰箱的营销活动，基于对品牌的信任度，如果用户正好有需求购买冰箱，或者想进行旧品换新品，则有可能响应此次活动。在这个场景中，还要多做一轮数据分析，即分析 RFM 分析模型筛选出的人群是否已经购买过冰箱，对已经购买冰箱的用户再加一层使用年限的分析，这样多重数据分析下，这个模型会起到一定的决策支持作用。

2. 模型应用思维延展

以上内容中建议只将 RFM 模型作为人群过滤的基础模型，这是因为该模型考量的因素有点少，它可能适合多数的营销活动，但在不同的企业商品属性下，企业应该变换应用思维，可以将模型的三维根据需要扩展成四维或者五维，甚至更多。

例如，有的零售企业没有电商销售中心，电商销售中心也会承担部分营销的工作，所以用户主动咨询的时间也应该作为一个参考维度纳入 RFM 模型中，这样可以更全面地了解用户的需求。

6.2.2 案例 1：你的高价值用户在哪里（CRM）

B 公司是一家鞋类连锁零售企业，在全国铺设门店数十家，经营的鞋类款式多样，可以满足消费者一年四季的需求，全国销量一直不错。

企业实行会员制多年，内部 VIP 会员权益体系较为成熟，具有严格的会员分级机制。会员的主要分级依据为年度消费金额，用户年度累计消费金额越多，VIP 等级越高，所有的 VIP 会员根据等级差异在全国门店消费，都可以享受一定的会员折扣。

之前的 VIP 机制主要基于会员累计贡献度，目前企业高层想基于营销目的，再构建一套基于营销导向的用户价值体系。该套机制区别于已有的 VIP 体系，营销价值体系构建后，企业会不定期主动给营销价值高的人群发放不定额的优惠券。构建营销价值体系的主要目标是提高营销产出，其次是提高营销活动效率。如果每次营销活动前都做一轮数据分析，那么工作不具有灵活性，且各部门协同效率较低。现在以 Y 门店为例进行数据分析，构建营销价值体系，之后再推广到全公司。

1. 业务思路梳理

（1）公司现有的 VIP 会员机制，主要目标是通过基于不同的 VIP 等级权益给予用户不同的营销让利，促使用户购买更多的商品，以提升自身的 VIP 等级，从而获得更优质的服务和更高的让利折扣。

（2）VIP 会员等级越高的人群，营销活动的响应率不一定越高。因为 VIP 会员本身具有一定的购买折扣，价值体系应独立于 VIP 权益体系之外，但是这不代表 VIP 会员不具有营销价值，所以两套体系的人员会出现重合情况。

（3）营销价值体系需要满足年度内不停滚动的营销活动，不同档期的营销活动由于所处节日，以及营销目标的不同，人群需求是多变的。简单理解为每一档活动都可以使用营销价值体系找到合适的营销人群。

（4）关于营销目标，企业在不同的经营时期或者经营策略考虑会不定时举办不同的营销活动。例如，临近月底的营销目标是冲业绩，针对流失人群的营销目标属于挽回策略，针对过生日会员的营销目标是用户关怀。基于各式各样的营销目标，营销价值体系都需要匹配需求，所以模型需要具备一定的通用性。

基于上述问题的梳理与思考，营销价值体系需要具有一定的通用性与改变的灵活性，毕竟每场营销活动的目标不同。鉴于此需求，企业的 CRM 负责人决定引入营销领域较为通用的 RFM 分析模型，实现模型的过程需要借助数据分析的力量，同时需要将模型结果做业务测试，以不断对模型进行调整优化。

于是，高层管理者找到数据团队，阐述了自己的业务想法与模型应用场景，希望他们一起参与将营销价值体系搭建起来。

分析师接到需求后，从系统后台抽取如表 6-1 所示数据。

表 6-1

会员 ID	销售日期	销售额

表中字段为 RFM 分析模型所需维度。

- 会员 ID：必须字段。RFM 模型结果会对所有用户逐一计算模型总分，模型主要基于会员 ID 对 R、F、M 这 3 个指标值进行分箱。
- 销售日期：作为计算 R 和 F 的数据源，属于必须字段。
- 销售额：作为计算 M 的数据源，属于必须字段。

2. 数据分析

获取到数据源后，分析师借助分析工具得出如图 6-3 至图 6-4 所示模型结果。

RFM 分析

Y门店处理摘要

	个案					
	有效		缺失		总计	
	N	百分比	N	百分比	N	百分比
频率得分*货币得分*上次消费时间得分	7507	100.0%	0	0.0%	7507	100.0%

图 6-3

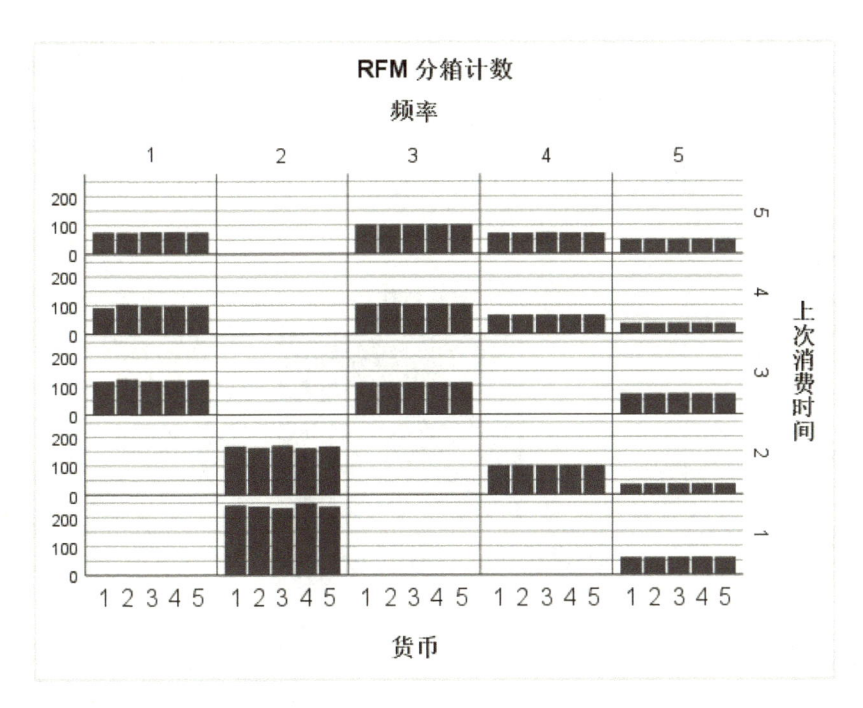

图 6-4

从图 6-3 中可以看出，目前 Y 门店的分析用户共计 7507 人，销售日期与销售金额无缺失值，即数据源完整。

3. RFM 分箱图说明

- 频率：F 值。F 值从 1 至 5，值越高表示用户购买频次越高，营销价值越高。
- 货币：M 值。M 值从 1 至 5，值越高表示用户购买金额越高，营销价值越高。

- 上次消费时间：R 值。R 值从 1 至 5，值越高表示用户购买的时间越接近现在的时间，营销价值越高。

分箱图中柱形图的高低表示有多少用户被分到该箱体，柱子越高表示用户数越多。

RFM 模型具有 3 个指标特征，所以模型结果属于三维图。因三维图无法直观呈现，所以将 3 个指标放入扁平的平面空间，其中，R 为正常逻辑中的 y 轴，F 为正常逻辑中的 x 轴，M 是被细分到每个方格里的 x 轴。

回到本案例的分箱结果，从图 6-4 中可以发现，在 7507 位用户中，多数用户的消费频次主要集中在 3 次以内，消费时间离现在时间较近，最优质的营销人群分布在右上角相应货币值为 4 分或 5 分的箱体，用户数较少。

了解 Y 门店的用户价值分布后，这家企业的用户行为特征有何表现，图 6-5 所示为 R、F、M 这 3 个指标的数据关系。

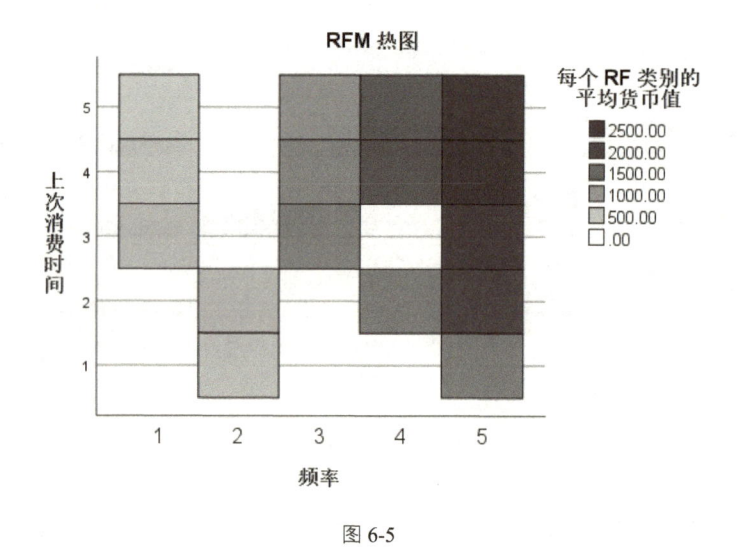

图 6-5

从图 6-5 中可以看出，消费频率越高、最后一次消费时间距离现在越近的用户群体平均消费金额越高，总体平均消费金额较高的用户，F 值大于 5。

4．业务决策应用

CRM 负责人拿到以上数据结果后，根据业务经验对 Y 门店的会员价值进行如图 6-6 所示的营销分层。

图 6-6

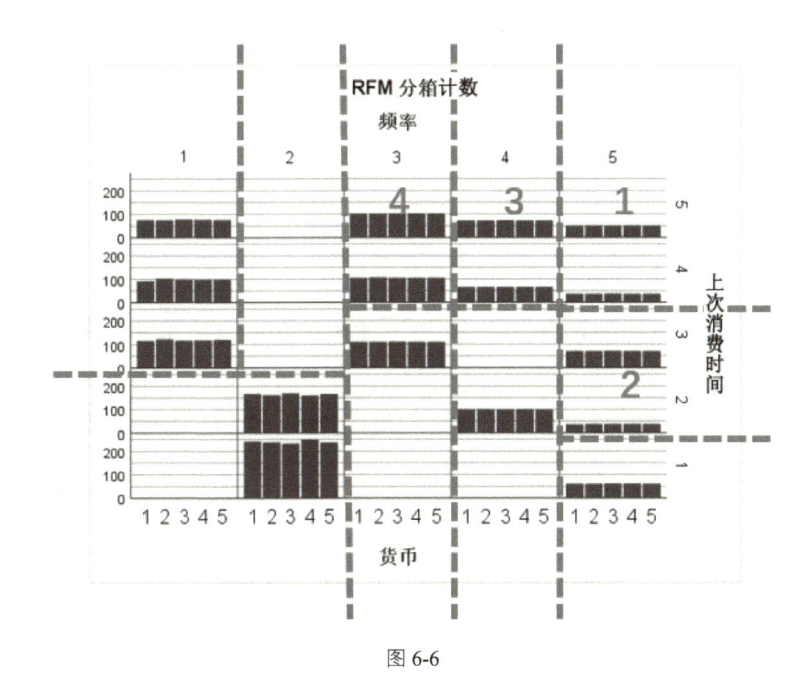

首先，基于业务经验将 16 个箱体里的用户群划分出 9 类人群，优先选取 4 类人群作为营销测试人群。

- 第 1 类人群：R>3，F>4，通过 RFM 热图发现此范围内的用户群平均消费金额均较其他箱体高，所以暂不考虑对 M 进行划分。
- 第 2 类人群：R=2、3，F>4，基于 RFM 热图的结果，不再对 M 进行划分。
- 第 3 类人群：F=4，R>3，基于 RFM 热图的结果，不再对 M 进行划分，因为营销的先决目标是较高的用户响应率。
- 第 4 类人群：F=3，R>3，基于 RFM 热图的结果，不再对 M 进行划分，选此分值的人群主要是考虑到新近度较优质的用户群体基数庞大，如果营销过程中忽略该范围的人群，则属于资源浪费。

（以上根据分析结果进行人群划分及测试人群选取属于主观经验，结果仅供参考，操作中可根据自己对 RFM 模型和业务的理解选取其他人群。）

然后，根据 4 类人群的不同行为表现制定合适的运营策略和手段，最后跟踪观察这部分人群对营销活动最终的响应和购买转化情况。

以上对营销测试人群的手动筛选主要基于决策者过往的业务经验，如果制定好一定的选取规则，则可以对营销价值实现自动判别，3 个业务指标的划分阈值可以根据业务经验设定，这里简单选取 R、F、M 这 3 个指标的平均分值作为价值划分标准，观察每位用户分值较平均值的高低做最后价值层判定（见图 6-1）。

5．具体操作方式

首先，将上述 RFM 模型分箱结果数据导出，将每一位用户的 R、F、M 分值与平均值做比较，高于平均值标注 1，低于平均值标注 0，结果如表 6-2 所示。

表 6-2

会员 ID	新近度 _ 得分	频率 _ 得分	消费金额 _ 得分
M10002	1	0	0

然后，将 Y 门店所有用户新近度（R）、频率（F）和消费金额（M）转换后的得分按如表 6-3 所示的行业通用分类标准划分出最终会员价值分类表（见表 6-4）。

表 6-3

R 分	F 分	M 分	营销价值分类
1	1	1	重要价值用户
1	1	0	一般价值用户
1	0	1	重要发展用户
1	0	0	一般发展用户
0	1	1	重要维系用户
0	1	0	一般保持用户
0	0	1	重要挽留用户
0	0	0	一般挽留用户

表 6-4

会员 ID	新近度 _ 得分	频率 _ 得分	消费金额 _ 得分	营销价值分类
M10002	1	0	0	一般发展用户
M10003	0	0	0	一般挽留用户

将所有的会员分出不同的价值群后，接下来可以选取重要价值用户、重要发展用户和重要维系用户 3 类人群进行营销测试，对他们的营销响应率和购买转化率进行跟踪。

反复迭代几次后，在模型效果达到阶段性最优时，具有一定活动普适性的营销体系最终成型。

6. 案例小结

本案例非常完整且详细地介绍了使用 RFM 模型，从业务需求、分析模型选取、模型分析、数据结果解读到最终决策应用，以及基于对 RFM 模型结果的两种不同价值划分手段。有时候数据会说谎，所以在决策应用环节纳入 CRM 负责人的经验，将决策者的经验与规则预先设定的价值划分进行对比，以此帮助 Y 门店找到最优的价值体系构建方法。

从数据到落地的思考链路非常重要，模型的价值在于最终的决策应用，否则模型本身没有任何意义，所以本案例的完整思路介绍得非常细致，希望能帮助读者真正掌握 RFM 模型的经典应用场景，让它发挥应有的商业价值。

6.2.3　案例 2：打折清仓的靴子卖给谁（营销决策）

RFM 分析模型属于行业通用的经典模型，它在营销领域具有不可撼动的领先地位。由于 RFM 模型只有用户的 3 个行为特征，在各行各业的实际工作中，用户行为表现非常丰富，具有大量的行为指标，所以 RFM 无法用于所有的营销活动场景，它在很多时候需要进行灵活的变异才能满足需求。

我们仍旧以案例 1 中的 B 公司为例，每年鞋子有不同的流行款式，所以商品需要不断进行淘汰，例如，对过季的鞋子进行打折清仓活动。

盛夏即将来临，B 公司想要开展一次反季清仓活动，清理所有老款的靴子，将更多的库存空间留给跟上时代潮流的商品。B 公司实行会员制较早，沉淀的会员用户有近百万人。针对此次打折清仓活动，如果对所有会员进行短信推送，不仅营销成本高，而且会对非需求会员造成不良的品牌感受，所以综合考虑，想要借助 RFM 模型进行活动推送人群的过滤。

案例 1 对 RFM 分析模型的完整分析思路、结果解读及决策应用做了详细介绍，所以本案例对 RFM 分析模型应用的过程不再赘述，主要介绍如何利用 RFM 模型作为基础模型，根据业务场景需要对 RFM 模型进行迭代变异。

1. 业务问题思考

（1）RFM 模型中的 R 指最近一次消费时间距离现在的时间间隔。活动时间在盛夏时节，根据 R 的模型维度，被选进营销优质人群的用户的最后一次购买时间应该是在初夏或者今年春季。一个用户不一定会购买某个品牌的全品类商品，多数情况下，用户只购买部分品类商品。按目前的模型特征，只购买冬季鞋子的用户因为最后一次消费时间距离现在时间较远无法落入优质人群，于企业而言这部分人群属于营销资源的浪费。

（2）B 公司经营的品类如此丰富，可以满足用户一年四季的消费需求。在冬季，靴子属于各大门店的销售主力，从靴子款式看，包括长筒靴、短靴、马丁靴、直筒靴等等，被选到的用户因为消费时节在春、夏之际，会存在部分用户对 B 公司生产的靴子无任何兴趣的情况。这类用户的营销响应率和购买转化率会偏低，给这类用户进行推送属于无效的营销动作。

基于上述提到的两个问题，如果使用原生的 RFM 模型，营销效果则难以预估，所以需要转换思路并对 RFM 模型进行优化或改良。考虑此次活动的主要营销品类为靴子，可以将此前消费过该品类的行为特征与 RFM 模型结合，一起进行营销人群过滤。

2. 数据分析思路

这里关于 B 公司会员 RFM 模型结果取值沿用案例 1 的结果（见表 6-5），应用思路不受 RFM 模型结果的影响，具体数字可以忽略。

表 6-5

会员ID	最近日期	金额(M)	崭新分(R)	频率分(F)	消费金额分	RFM总得分	新近度	频率	消费金额	营销价值分类
M10002	1-Apr-18	207.00	3	1	1	311	1	0	0	一般发展用户
M10003	12-Aug-17	255.50	2	2	2	222	0	0	0	一般挽留用户

3. 表字段说明

（1）崭新分、频率分和消费金额分：首次 RFM 模型的结果。

（2）RFM 总得分：基于前面 3 个指标按一定规则合并后的模型总分值。

（3）新近度、频率和消费金额：指案例 1 中第二次对 RFM 人群进行自动价值分类时，以均值作为阈值转换后的分值。

（4）营销价值分类：以新近度、频率和消费金额 3 个指标按照行业价值分类标准划分后的用户价值类别。

4．数据分析思路

由于 RFM 分析模型只涉及用户的 3 个行为指标，较为单一，所以此次应用纳入另一个数据维度：会员此前购买靴子的频次数据。从后台拉取数据如表 6-6 所示。

表 6-6

会员 ID	购买靴子次数
M10002	11
M10003	14
M10004	7
M10005	7
M10005	15

从表 6-6 可以发现，各会员购买次数高低差距较为明显，目前数据结果无法作为购买权重与 RFM 模型结果相结合，需要预先对消费频次进行数据标准化，让所有购买频次值处在同一水平区间。

关于购买频次数据的标准化处理，我们选取比较简单的对数转换公式：

$$\text{Log}x / \text{Log}(\text{max})$$

公式说明：

$\text{Log}x$：将单个会员对应的购买频次进行以 10 为底的对数转换。

$\text{Log}(\text{max})$：max 指在所有会员购买频次中找到数值最大的购买频次进行以 10 为底的对数转换。

将购买频次数据按以上数据转换的逻辑进行数据处理，结果如表 6-7 所示。

表 6-7

会员 ID	购买靴子次数	对数转换
M10002	11	0.829614829
M10003	14	0.913051175
M10004	7	0.673238708
M10005	7	0.673238708
M10005	15	0.93692107

找出价值分类为高价值类别的用户对应的冬靴清仓活动 RFM 模型分值，与上述经对数转换后的频次权重进行相乘计算，结果如表 6-8 所示。

表 6-8

会员 ID	金额	RFM 总得分	新近度	频率	消费金额	冬靴购买频次权重	营销价值分类	RFM 总得分（新）
M10045	2007.00	555	1	1	1	0.8296	重要价值用户	460
M10789	3455.50	555	1	1	1	0.9331	重要价值用户	518

5．新增字段说明

RFM 总得分（新）：RFM 模型总分 × 冬靴购买频次权重。

基于每个会员的 RFM 总得分（新）的数据结果，接下来可以将 RFM 总得分（新）指标值按从高到低的逻辑继续排序，然后选取 RFM 总得分（新）靠前的会员进行人群确认，最终营销人群取前 20% 或 30%，这需要根据企业最终的营销预算来做决定。

6．案例小结

RFM 分析模型虽然经典，但不属于万能应用模型，有些营销场景原生的 RFM 模型的指标无法很好地达成营销目标，所以本案例详细介绍针对此种情景如何对 RFM 模型进行思维"变异"，不同的业务场景会有不同的业务指标，"变异"的过程需要具体情况具体分析。

本案例着重表达的是选取模型外的指标对 RFM 模型进行迭代"变异"的详细过程，特别是分析过程中如何利用统计学方法对数据做数据转换以实现指标的可计算性。这一步非常重要，类似的数据处理情况在实际的数据分析工作中非常普遍。

需要注意的是，模型最终要以业务决策应用价值为目标，所以模型不能一成不变，它的可变性来源于不同业务场景下的不同业务需求，对业务的理解力的重要性高于模型的具体实现。

6.3 RFM分析模型的实现

RFM模型本身不属于复杂的数学模型，所以一些数据处理工具，例如Excel、Python及主流的BI工具（例如Tableau、Power BI、帆软BI）都可以实现，不同的工具需要人工操作干预的程度不一。

分析人员应该将更多的时间和精力放在数据结果及应用的思考中。

下面以工具SPSS为例进行简单的介绍。

（1）分析数据源准备，数据维度请参照案例1的数据样式。

（2）打开IBM SPSS Statistics 25，导入表数据。

（3）单击菜单栏中的"分析—直销"命令，弹出"直销"对话框，选择"帮助确定我的最佳联系人（RFM分析）"图标，单击"继续"按钮，如图6-7所示。

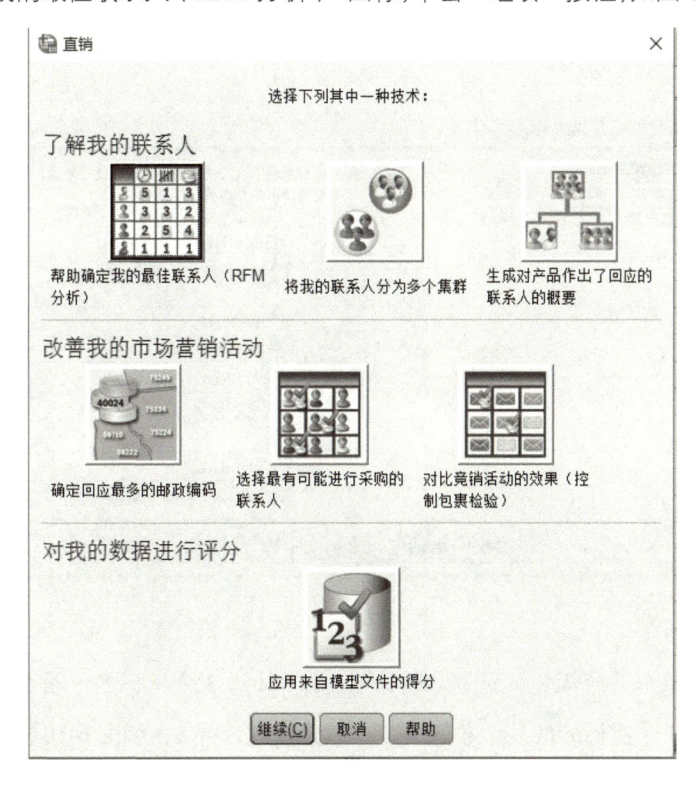

图 6-7

（4）弹出"RFM分析:数据格式"对话框，选择"交易数据"，单击"继续"按钮，如图6-8所示。

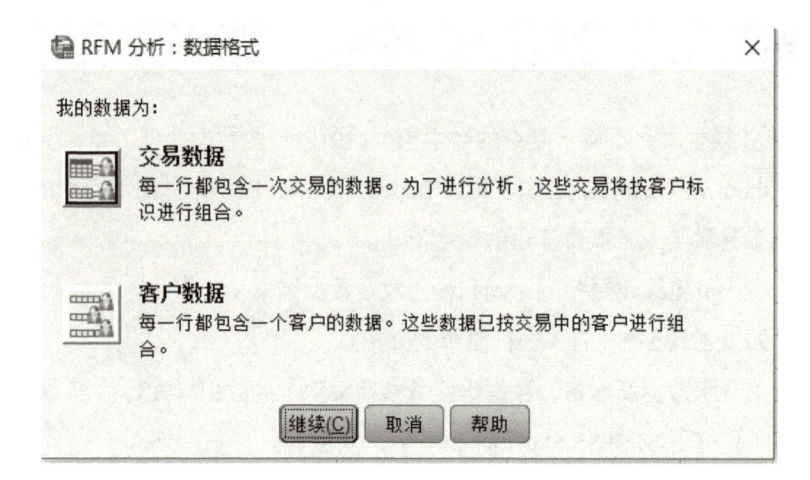

图 6-8

（5）弹出"交易数据 RFM 分析"对话框，如图 6-9 所示。

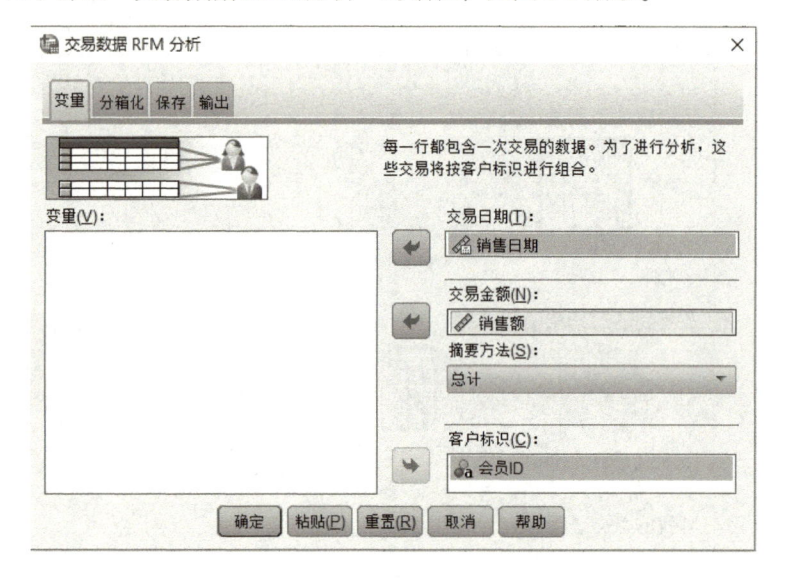

图 6-9

（6）单击"分箱化"标签，确认 R、F、M 这 3 个指标的分箱数简单理解为需要将 3 个指标分成几个数值段。一般分箱数选择 5，如图 6-10 所示。

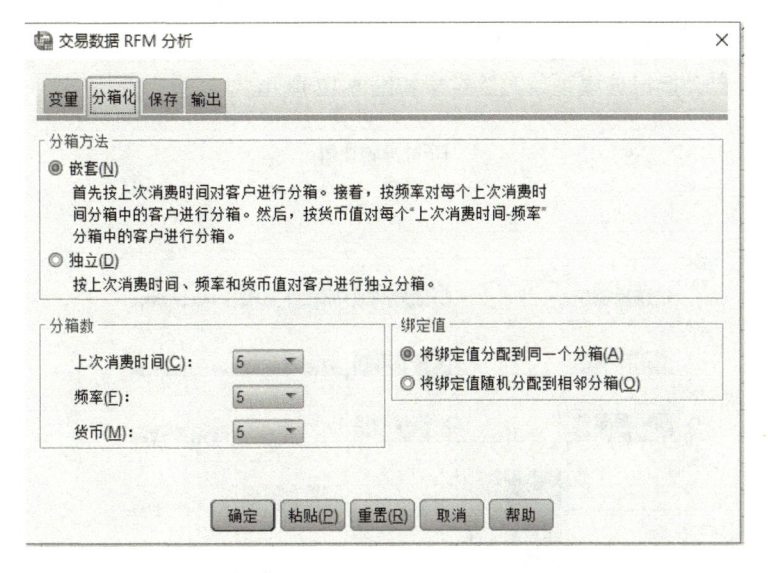

图 6-10

（7）单击"输出"标签，选择输出的图表。为了更好地了解数据结果及用户分布的更多信息，建议选择所有的可视化图表，如图 6-11 所示。

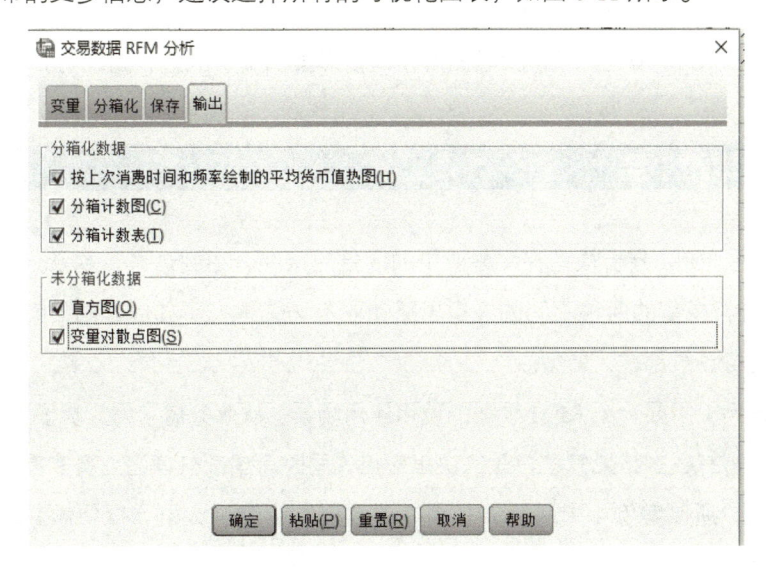

图 6-11

（8）RFM 的分箱数和输出可视化图表确认无误后，单击"确定"按钮，SPSS 会自动运行该模型，最终结果如图 6-12 所示。

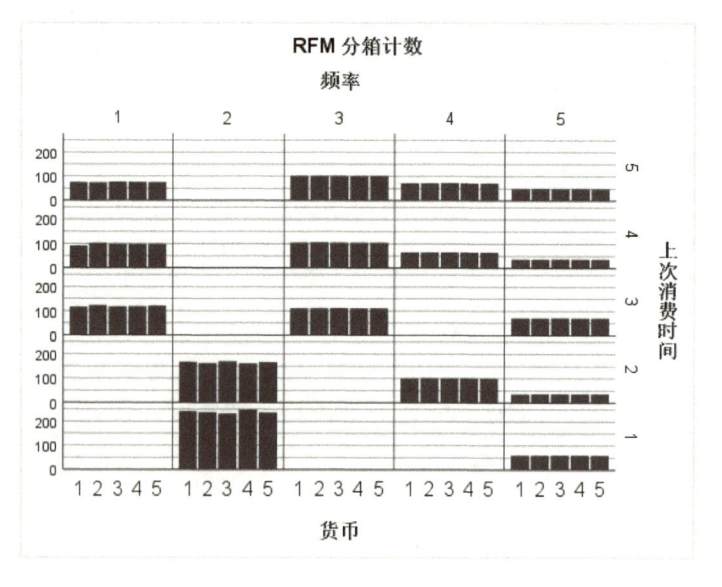

图 6-12

关于 RFM 模型结果的分箱图解读请参照案例 1 中的分箱图说明。

6.4 本章小结

关于 RFM 分析模型在零售业中的场景应用就介绍到这里，本章分别选择 RFM 分析模型的两种不同的应用思路和业务场景进行了详细介绍，案例中的两个业务场景都较为典型。

案例 1 主要介绍 RFM 模型的通用应用场景，从业务需求到分析模型选取、模型分析、数据结果解读，最终决策应用，同时考虑部分读者业务实操经验较为丰富，所以案例 1 中采取 A\B 类方式选出营销测试人群，以便做后续效果的跟踪和比对。

案例 2 主要介绍如何对 RFM 模型从实用性角度进行优化，对 RFM 模型进行"变异"让它更有效地帮助实现业务目标，并进一步介绍在操作过程中如何筛选优化指标，遇见问题如何做数据处理。

　　本章内容的核心是着重讲解 RFM 分析模型是什么，有哪些适用的业务场景，在不同的业务需求下如何灵活地运用与优化它，让它成为数据分析及数据化运营工作的一把利器。希望大家多思考，以本章介绍的两个案例作为思维发散原点，将 RFM 分析模型应用到其他业务场景，将它的价值发挥得淋漓尽致。

第 7 章 不懂商业数据分析？先来听它说：杜邦分析

有一句耳熟能详的诗："何以解忧，唯有杜康。"

杜康和杜邦具有相同的韵脚，容易混淆，不过在实际的财务分析工作中或者当商业分析思路混乱没有方向的时候，"何以解忧，唯有杜邦"也是成立的。

所以衍生出一个问题：杜邦分析是什么？如何解忧？

它到底能不能解忧，目前下结论尚早，在接下来的内容中，我们着重分析一下它如何解"忧"，以及它可以帮助企业解决哪些"忧愁"。

7.1 从经典起源看杜邦分析如何"解"

从严格意义上来说，杜邦分析模型是用于专门解决财务分析场景的一个经典模型，这个模型不是数学意义上的模型，属于分析框架模型。

财务报表具有丰富的分析维度和指标，如何将众多分散的分析维度指标聚拢到一起，让财务数据发挥洞察企业管理问题的价值，这需要一个框架来将分散的分析指标聚拢到一起，以形成有逻辑、可追溯的商业分析思路，就是杜邦分析模型的价值所在。

杜邦分析模型是如何诞生的呢？

最初，杜邦分析模型源于美国一家叫作杜邦的公司，在杜邦公司，杜邦分析模型要解决的目标问题是财务比率分析。

最初，财务比率分析的计算公式如下。

$$ROE = \frac{净利润}{(期初净资产 + 期末净资产) \times \frac{1}{2}}$$

ROE：净资产收益率，即净资产所带来的收益是多少。净资产属于企业股东自身的资产，收益是指企业利润，也就是利用企业可控制的资源所获得的利润。了解了两个含义后，这个指标的业务意义显而易见，可以简单理解为股东投资回报率。

回到 ROE 的计算公式，其中，分析净利润来自利润表，分母的期初净资产和期末净资产来自资产负债表。利润表和资产负债表都属于财务中经典且常用的报表，两张报表计算的时间节点逻辑是不一致的，净资产属于阶段性数据，也就是期间数，而资产属于截至某一时刻企业的资产负债情况，所以分子和分母的取数逻辑不一样，两个数据无法相除。基于这个问题，又诞生另一个更具体且分子分母可进行计算的公式，如下所示。

$$ROE = \frac{净利润}{销售收入} \times \frac{销售收入}{总资产} \times \frac{总资产}{净资产}$$

从第一个公式到第二个公式的演变，其实是一个公式拆解的过程，将本来的一组公式拆成三组公式相乘，计算结果与原来一致，所以我们可以看出杜邦分析模型的基本原理是逐层做指标拆解。

为什么杜邦分析模型是财务分析的经典模型？

从第一个公式到第二个公式，按指标层级的关系归属一共拆出 6 个指标，层级较少，颗粒度不够细，覆盖的指标范围较窄，所以它与一个"分析框架"还有一定距离。

继续遵循之前公式拆解的思路，第二个公式继续拆出更细的颗粒度，中间的拆解过程这里不展开细述，对拆解过程有兴趣的读者可以自行研究。经过多次拆解后，杜邦分析模型如图 7-1 所示。

从图 7-1 可以看出，ROE 的计算公式最终拆出 6 层结构，自上而下，层层相扣，各层级指标及横向指标间的关系非常清晰。

模型图覆盖的指标范围非常广，从营业收入、利润，到费用、资产等财务各分析维度都包括在内，而且逻辑关系非常严谨，没有一个分析模型可以将如此广泛的核心财务指标囊括在一个指标框架中，杜邦分析模型在财务分析模型中位列榜首名副其实。

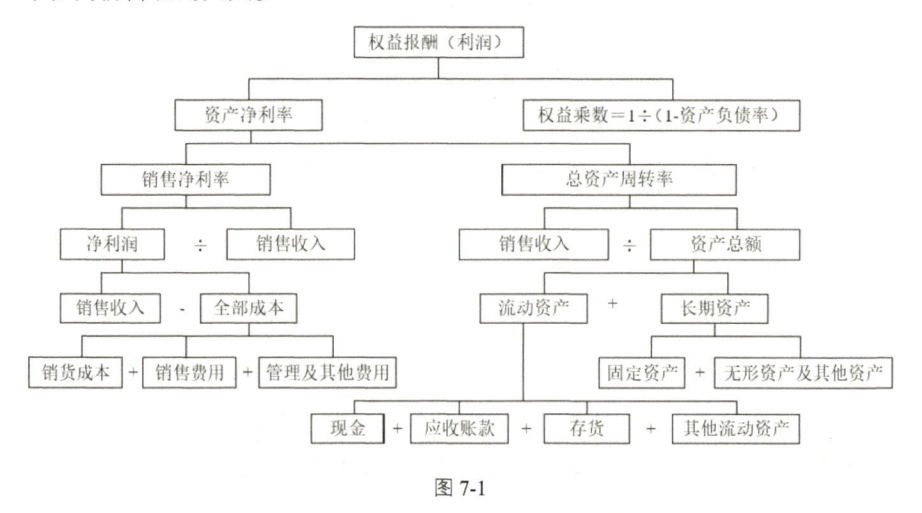

```
                    权益报酬（利润）
                    │
        ┌───────────┴───────────┐
    资产净利率              权益乘数＝1÷(1-资产负债率)
        │
    ┌───┴────┐          ┌──────┴──────┐
 销售净利率              总资产周转率
    │                        │
 ┌──┴──┐                  ┌──┴──┐
净利润 ÷ 销售收入        销售收入 ÷ 资产总额
    │                        │
销售收入 - 全部成本       流动资产 + 长期资产
            │                        │
    ┌───────┼───────┐         ┌──────┴──────┐
  销货成本+销售费用+管理及其他费用  固定资产 + 无形资产及其他资产
                              │
                      ┌───┬───┴──┬──────┐
                     现金+应收账款+存货+其他流动资产
```

图 7-1

如果跳脱杜邦分析模型的财务指标，它呈现的其实是一种商业逻辑拆解的思路。通过图 7-1 可以看出，杜邦分析模型是将众多繁杂的指标用一条逻辑线有条理、有秩序地串联起来，集中表达一个业务问题。理解了杜邦分析模型的分析逻辑，我们可以将它的思想应用到更多的业务场景。

7.2　两个案例：杜邦分析数据化决策怎么用

在 7.1 节，我们已经非常详细地介绍了杜邦分析模型成型的原理和逻辑，它其实是一种非常高效的逻辑拆解手段，所以接下来我们一起探讨它所适合的应用场景，以及在其他业务场景中的落地应用。

7.2.1　模型适用的零售业务场景

在介绍场景应用前，我们介绍杜邦分析模型的方法论：基于结果指标层层拆解，自上而下先后有秩序，先后有归属。

模型的方法论清晰后，我们需要将它与实际工作结合起来，这里总结几个常用的应用场景。

1. 财务分析场景

在数据分析职业诞生之前，企业还未进行数据沉淀时，财务数据已经沉淀数十年，所以企业的首要数据应当是财务数据。财务报表是企业高层关注的核心模块，所以财务数据具有良好的数据质量基础，供企业进行财务分析，但是多数企业财务人员并未跳出传统财务报表的思维，杜邦分析模型是财务分析的一大创举，它通过非常简单的逻辑呈现，帮助企业减少发现业务问题的投入成本。

杜邦分析模型首要适用的场景是它的"大本营"：财务分析。

在经典的财务分析中，它主要用于分析 ROE。实际上，除了 ROE，其他的财务指标我们也可以按它的思路进行逻辑拆解。

需要注意的是，模型中的分析指标需要具备很高的严谨度。第一个指标是整体结果指标，其他指标都要从属于第一个业务指标，上、下层指标必须具有强关联性，不能出现无关联性的指标，确保所有指标在一个指标框架中。

例如，我们在发现集团当月、当季或当年的财务费用成本较高时，可以借助杜邦分析模型的方法对财务费用指标进行层层拆解，具体应用有以下两个思路（见图 7-2）。

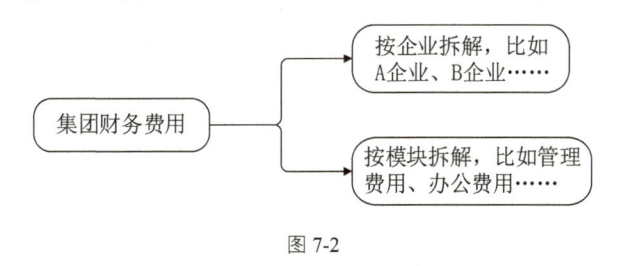

集团财务费用
- 按企业拆解，比如 A 企业、B 企业……
- 按模块拆解，比如管理费用、办公费用……

图 7-2

第一种是基于整个集团的企业主体构成对指标进行逐层拆解，部分集团下属企业众多，层级可能会分为 3 级甚至 4 级，所以按这个拆解思路我们可以先定位出财务费用高的企业，特别是财务费用同比涨幅较大的主体企业。

第二种是沿用杜邦分析最初的应用思路对指标进行拆分，先定位出导致财务费用高的费用类别（见图 7-3），然后对不同模块进行下钻分析。

上述的两种拆解思路，具体哪一种更有效、更可取，无法一概而论，需要具体问题具体分析，根据企业实际工作情况而定，每家集团企业的下属层级不一样，费用构成也不一样。

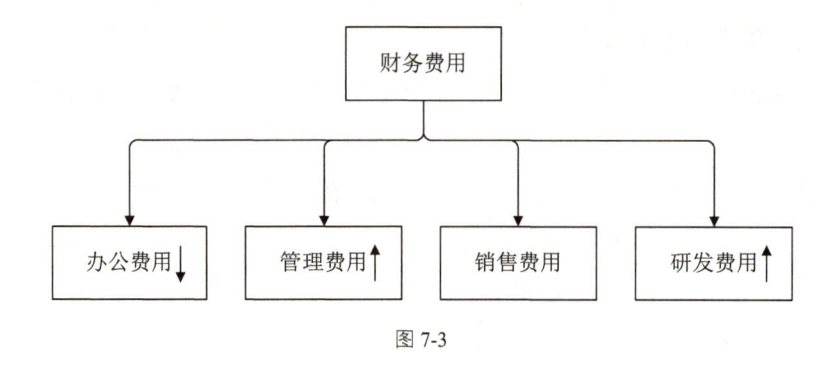

```
              财务费用
    ┌──────┬─────┴─────┬──────┐
  办公费用↓  管理费用↑   销售费用  研发费用↑
```

图 7-3

2. 业务分析场景

多数人觉得杜邦分析模型只适合财务分析,这是一种误解。

没有任何一种分析模型只适用于一种业务场景,从模型方法论的角度来说,杜邦分析模型在业务分析中可以有以下几种应用场景(见图 7-4)。

快速建立 分析思维	商业问题 指标拆解	分析指标 体系搭建
1	2	3

图 7-4

- 快速帮助分析人员建立分析思维:多数数据分析人员或业务人员在分析时会面临对一个业务问题无从下手的情况。这类人群的主要问题在于思路比较杂乱,无法找到一条清晰的逻辑线,容易在解决问题的过程中走入另一条思维偏道,导致与原来的问题解决初衷越来越远,所以他们需要有一套既定的分析框架来帮助厘清分析思路,找到问题分析的切入点,以及有效地抽丝剥茧,直至找到最细颗粒度的过程指标。

- 商业问题指标拆解:这个应用可以参照杜邦分析模型最初的 ROE 计算应用,在实际业务过程中也会面临需要对指标进行拆解的情况。例如,发现当月销售额同比下滑、昨日流量骤减,或者上个月库存成本过高等,在面临这些情况时如何着手分析,可以借鉴杜邦分析的原生用法定位出该问题指标相关联的最终明细指标。

□ 数据分析指标体系搭建：很多时候数据分析指标的搭建并不需要全企业的所有指标体系。其与用户画像分析类似，例如，只考虑如何打标签，如果基于企业所有数据，那么用户标签可以打出数百个，甚至上千个。但是通常情况下，业务决策基本用不到如此完整的用户标签，在实际工作中需要考虑的是，以解决某一方向的业务问题为搭建指标体系的目标，例如，基于营销需求、财务需求或者流量监控需求。

如何搭建一套有效的指标体系，除了找准业务需求目标，具有更大难度的是指标建立者的分析框架能力、业务理解力和数据指标理解力，这些能力都会在整套框架体系中体现。应该设置多少指标，选取哪些指标，选取的指标可以指导哪些业务决策，指标的计算逻辑在不同的场景下应该如何制定标准，等等，这些将直接影响整个指标体系最终的业务应用是否有效。

总的来说，杜邦分析模型可以帮助企业解决不少问题，对标的业务应用场景非常多，主要核心点在于如何运用它。

7.2.2 案例1：上个月的营业总成本为何这么高（财务分析）

本节主要介绍在解决另一种业务问题时如何灵活运用杜邦分析模型。

Z企业财务经理刚做完上个月财务报表，并提交给领导，很快就收到领导的邮件回复，领导在邮件中提出了一个很犀利的问题：上个月底我们营业总成本真有这么高？请尽快给出一份详细的分析报告。

营业成本高即营业利润低，这个指标结果事关企业的生死存亡，领导看到营业总成本结果，也不敢有所懈怠，财务经理突然感觉自己提交的财务报表略草率，提交之前确实发现营业总成本比上上个月的结果略有提升，但缺乏追根究底的精神，没有对这个结果做更深入的剖析，成本、收入及利润是企业最重要、最根本的基础指标。

没有提前准备，财务经理的思绪被领导的问题和自己的疏忽彻底打乱，一时之间无法快速找到合适的切入点来做深入的分析，思路广阔又缺乏一定的逻辑依据，所以目前最高效、便捷的方式是有一套现成的分析框架帮他快速定位问题点，于是他想到了杜邦分析模型。

1. 分析思路

确定好分析模型和思路后，财务经理快速抽取了与企业所有营业成本相关的数据，基于企业的会计科目层级关系，以及营业总成本的计算公式（见下方公式），画出较粗颗粒度的杜邦分析模型，如图 7-5 所示。因为要做计算，做账时间以月份命名，以便更好地做对比分析。

假设本月营业总成本＝本月营业成本＋本月税金类成本＋本月所有费用项

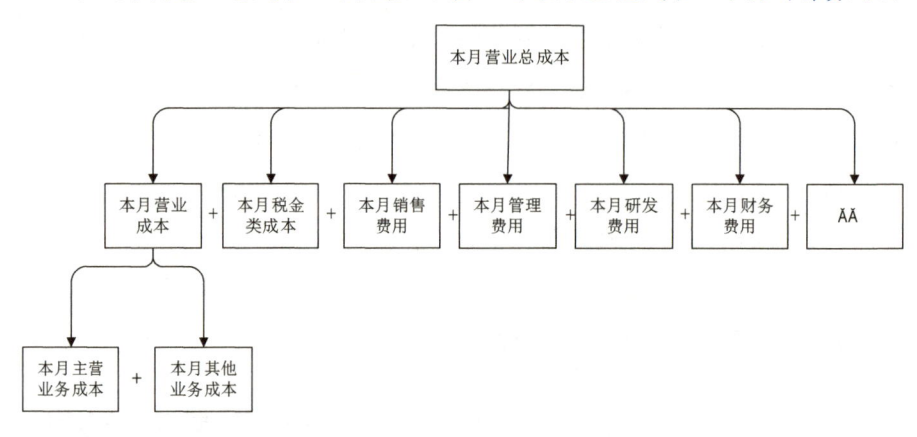

图 7-5

会计科目分支较多，为了思路清晰，可以逐层找到问题点，所以先从大的会计科目着手。

领导所感知的营业总成本高是较上上个月的结果值，所以遵循领导的问题，我们从营业总成本的环比结果进行分析（见图 7-6）。

> 注：营业总成本环比＝（本月营业总成本-上月营业总成本）/上月营业总成本

然后，基于上个月营业总成本的拆解项和本月营业总成本的拆解项计算出每一个成本项的环比增量结果（见图 7-7）。

假设通过环比增量的计算发现管理费用环比增量较其他成本项增幅较大，到这里已经通过杜邦分析模型找到了大的方向问题点，接下来对管理费用进行更明细的指标拆解（见图 7-8），直至找到最后一个涨幅占比较高的明细项为止。

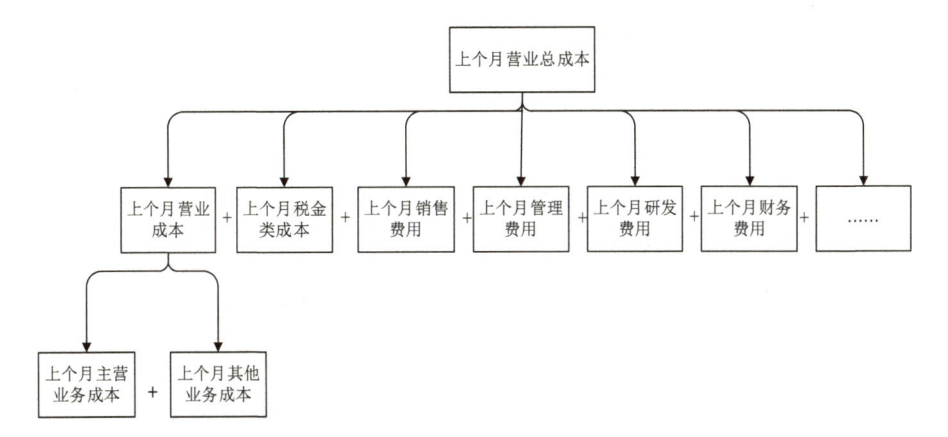

图 7-6

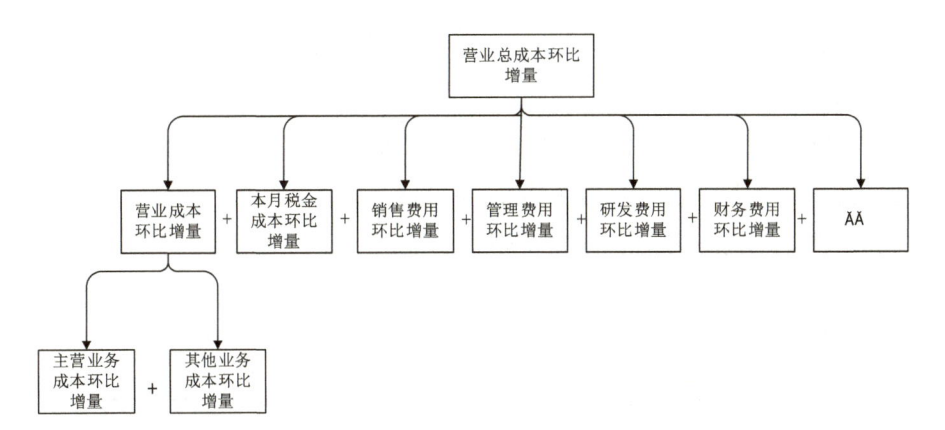

图 7-7

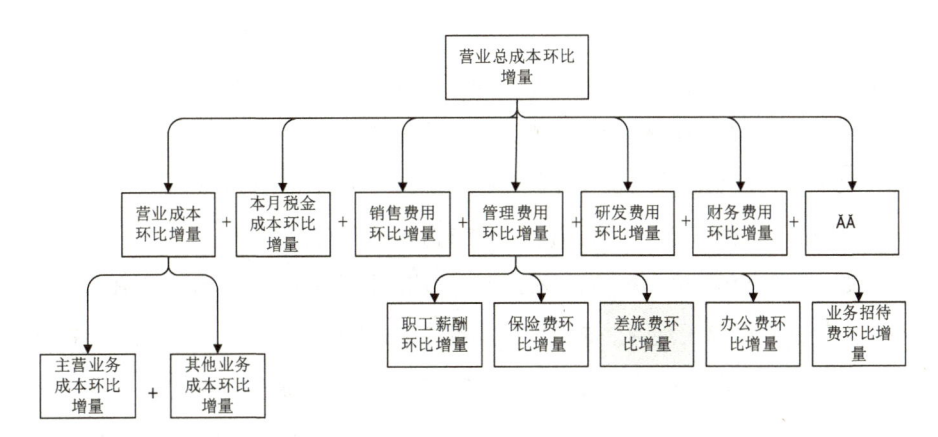

图 7-8

通过第三层的指标拆解，我们发现差旅费环比增量较高。差旅费已经是最明细项，无法继续向下拆解，所以总体营业成本涨幅高的问题点就非常明确了。剩下的问题是差旅费的详细统计分析，可以从出差的地区、出差的角色和工作需求进行详细的业务分析，找到问题根源。

从杜邦分析模型的思路拆解，到差旅费的详细统计分析，将这些数据及信息进行梳理加工，一份详细的财务分析报告就可以快速完成。

2．案例小结

每月的财务报表中会出现各式各样的数据超标的情况，本节举了一个非常实际的例子进行抽丝剥茧，层层拆解，直至通过杜邦分析模型找到问题所在。这个案例是比较简单的场景，可以帮助读者加深对杜邦分析模型及它在财务分析中的应用理解。

需要注意的是，在这个过程中对每一层级的子会计科目及组成项要非常熟悉，如果有遗漏或者偏差，整个结果就失去了财务意义，财务报表数据是一项非常严谨且严肃的结果，所以在应用中要非常谨慎。

7.2.3 案例2：如何快速学会商业分析（商业思维）

Y零售企业在数据应用方面算是比较全面的，除了有BI报表系统，在销售总监办公室还有一块大的BI销量大屏进行按小时的数据滚动更新。早上准备开例会前，突然发现昨日企业整体销量同比下降30%，这一数字引起了销售总监的警觉。销量下滑幅度30%有点严重，但是大屏的数据信息不够丰富，无法直观看到影响销量的所有因素。所以现在需要有一个人来深入分析一下销量同比下滑的问题，于是他立即将分析的任务下发给销售行政经理。

突然接到销售总监的分析需求，销售行政经理对这个分析方向有点迷茫。

Y企业在全国20个城市设有门店，门店累计数百家，在BI大屏开始使用后，所有的管理者已经习惯看上面的数字结果，所以极少提过个性化的销售分析需求，每日销量也较平稳，所以他们的工作精力很少放在销售报告的制作上。

销售行政经理从未做过专业的数据分析，目前总体信息量有点多，思路有点混乱，面对多而杂的销售数据他不知道突破口在哪里，如何能够快速找到问题点。

1. 分析思路

针对销售行政经理遇见的问题，可以使用杜邦分析模型帮助他快速建立一套成系统、成体系的分析框架，总体思路如图 7-9 所示。

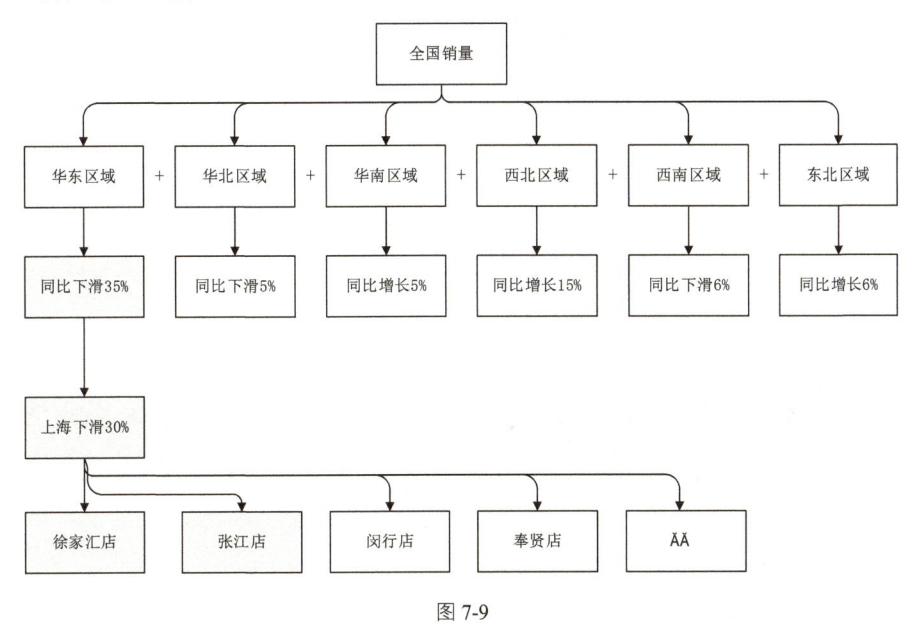

```
                        全国销量
    ┌──────┬──────┬──────┬──────┬──────┬──────┐
  华东区域 + 华北区域 + 华南区域 + 西北区域 + 西南区域 + 东北区域
    │       │        │         │         │         │
 同比下滑35% 同比下滑5% 同比增长5% 同比增长15% 同比下滑6% 同比增长6%
    │
 上海下滑30%
    ├──────┬──────┬──────┬──────┐
  徐家汇店 张江店  闵行店  奉贤店  ĀĀ
```

图 7-9

这套分析框架的总体思路是先将全国销量按全国六个大区进行拆分，再分析各个区域昨天销量同比情况，核心解决的问题点在于将区域化大为小，将全国性的问题转化为区域性问题。

将全国性问题按区域拆分后，每个区域的同比情况一目了然，最后将问题聚焦到同比下滑最严重的华东区域，此时将六大区域的问题转化为一个区域的问题，再一次化繁为简。

沿用以上思路再次对华东区域问题进行拆分，发现销量变化大的地区在上海，此时将华东区域的销量问题转化为上海一个城市的问题，再一次缩小问题范围。

将分析问题拆分为上海一个城市的问题后，对上海所有门店数据进行数据分析，将城市问题转化为上海几大门店的问题，最后发现主要的销量异常在于徐家汇店和张江店。

下面总结一下化繁为简的思路（见图 7-10）。

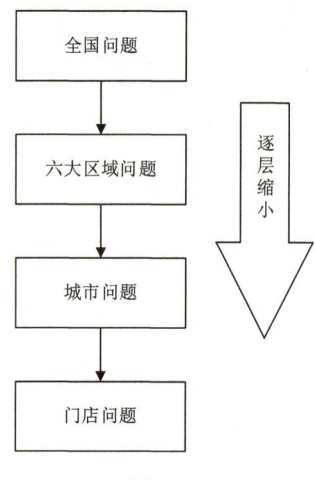

```
┌─────────┐
│ 全国问题 │
└────┬────┘
     ↓              ┌──┐
┌─────────┐         │逐│
│六大区域问题│        │层│
└────┬────┘         │缩│
     ↓              │小│
┌─────────┐         │  │
│ 城市问题 │         └──┘
└────┬────┘
     ↓
┌─────────┐
│ 门店问题 │
└─────────┘
```

图 7-10

拆分到门店问题，更细颗粒度为商品的单品问题，门店的问题不一定在单品销售异常上，还会有一些不可控的客观因素，每一种因素都会影响门店整体的销量。

这些不可控的客观因素到底有哪些？

（1）昨天徐家汇和张江两个地方下暴雨，所以客流骤减。

（2）两家门店附近有商场在做活动，分流了一些客流量。

（3）两家门店昨天导购情绪不佳，在用户服务上不够尽心，所以购买转化率未达到正常水平。

（4）……

上述列举的客观问题无法进行数据量化，所以这些信息无法从数据中获得。有时从数据中获取的部分信息可以对业务现象进行解释，但不一定全面，所以当发现数据结果无法解释业务结果的时候，我们应该从数据的思维跳脱出来去观察其他维度的现象。例如，一家便利店昨日串串香卖得非常好，但是客流量并未超出正常水平，经过细致思考，发现昨日气温严重低于近期气温的平均水平，所以串串香的销量与客流量没有任何关系，主要影响因素在于气温。

回到本案例，最终经过店员的询问，发现附近商场新进了一个同类竞品，昨天刚开业，折扣力度很强，让利的折扣分流了门店大量的客流量，所以两家门店的销售额骤减。

经过逐层地抽丝剥茧，销售行政经理终于找到了销量骤减的问题所在，经过此次的杜邦分析模型应用,学会了一套成体系、成系统的框架分析模型,只需将相关指标直接带入模型,结果范围会逐层缩小,业务问题迎刃而解。

2. 案例小结

本案例详细介绍了如何在思维混沌时快速借助杜邦分析模型建立一套可靠的商业分析思维框架,该模型的优势在于可以帮助一个无任何数据分析基础的人习得一套通用的商业分析框架,进而建立起数据分析思路解决业务问题。

数据分析师、商业分析师或者决策分析人员在实际工作中总会需要对一个新生命题或者从未接触过的业务课题进行分析,面对很多杂乱又不了解的信息,可以借助杜邦分析模型的"解忧"能力,所以对上述两个案例的应用思路需要理解并进行深入思考,以汲取杜邦分析模型的关键核心思想。

3. 为什么零售企业需要杜邦分析

这个问题没有同其他章节一样放在场景介绍之前,主要考虑读者可能不太了解杜邦分析模型,所以先介绍两个案例的实际应用,作为大家理解零售企业为何要做杜邦分析的基础。

零售企业使用杜邦分析模型可以解决的首要问题场景:财务分析。

财务分析的重要性在前面内容中有过简单介绍,财务指标是业务指标的结果指标,在专业的数据分析未诞生之前,财务数据一直是企业的核心数据。

在实际的业务分析中,线下零售或者新零售的业务场景虽不像互联网那么繁杂,但数据结果多元化且复杂,需要追根溯源,例如,销售额骤降、客单价大幅降低、购买用户大幅减少等业务问题。另外,零售企业同互联网企业一样,都面临如何做用户增长、如何做用户保有等运营问题,很多企业都在尝试让更多的业务人员参与到数据分析中。

近几年大型快消零售企业一直在内部推行自助分析,以"人人都是分析师"为口号,但实际情况并不乐观,数据部门推行起来难度系数很高,主要是因为业务人员已经习惯传统的报表思维,未能形成一套成体系、成系统的商业分析思维。企业推行自助分析的真正目的是让业务人员更深入地为自己的业务决策做分析,数据脱离业务无任何意义,而业务人员比数据人员更懂业务,但他们缺乏完整的商业分析思维,所以推行自助分析的结果一般都是不了了之。

模型如此高效有用，那我们如何实现杜邦分析模型？需要编程吗？这也是 7.3 节探索的问题。

7.3 杜邦分析模型的实现

杜邦分析模型不同于购物篮分析，它不是一个数学模型，也不是一个复杂的分析方法，它的逻辑原理本质上是在进行思维的层层下钻，所以它的核心在于自上而下地"拆解"。

在实现工具上，市面上的 Excel、Tableau、Power BI 都可以实现，我们这里以 Excel 为例介绍如何实现杜邦分析模型。

在这之前先介绍一下 Power BI 工具，利用这款工具实现杜邦分析模型相对比较简单，因为 Power BI 有内置的可视化视觉对象 ValQ，该对象属于现成的杜邦分析模型，直接将所有的指标拖入对应的分类和值字段即可实现，最终的效果如图 7-11 所示。

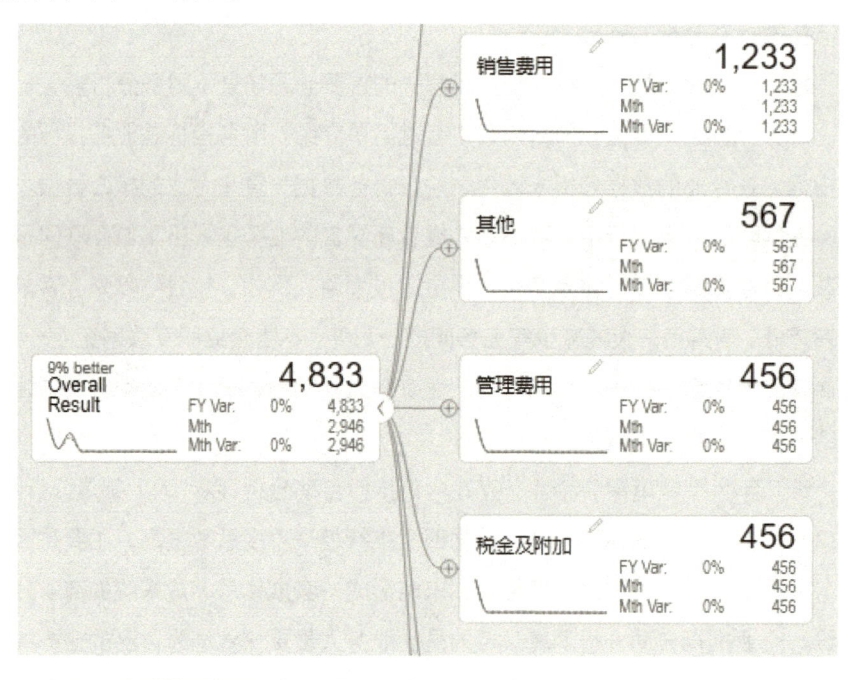

图 7-11

这款工具要求登录微软账户才能进行完整编辑，有兴趣的读者请自行搜索相关教程。

Excel 实现步骤

（1）准备杜邦分析模型的数据源（见图 7-12），将所有的财务报表数据源全部放进同一个 Excel 工作表中。

| 资产负债 | 利润 | 现金流量 | 财务比率 |

图 7-12

（2）单独建立一个工作表（Sheet）命名为杜邦分析，然后画出杜邦分析模型的模型图（部分见图 7-13），主要利用单元格进行背景色填充、计算符号填入、边框设计等细节工作，需要注意每个指标下面要预先写好计算公式。

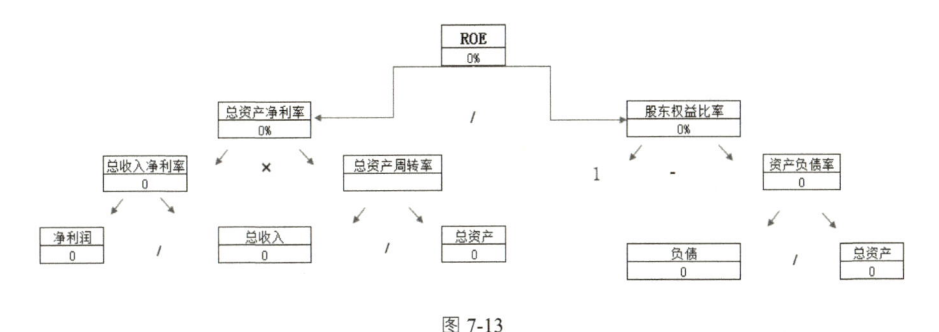

图 7-13

（3）将所有的数据源财务报表数据复制完整，杜邦分析模型图会自动将数据链接过来并自动计算，这里举例说明前 3 个指标的结果（见图 7-14）。

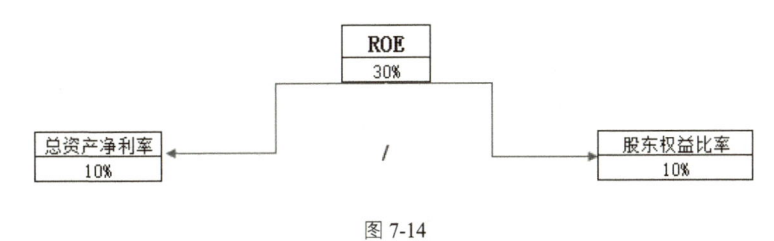

图 7-14

7.4 本章小结

杜邦分析模型作为财务分析界的经典应用，它从 20 世纪 90 年代流传至今，一直被业界津津乐道，它强大的框架搭建能力不容小觑。

本章详细介绍了杜邦分析模型适用的业务场景，借助两个案例，分别从财务分析场景应用和业务分析场景应用介绍杜邦分析模型的经典优势。

案例 1 主要解决具体的财务分析场景，案例 2 主要帮助一个无任何数据分析基础的人习得一套通用的商业分析框架。

本章先介绍财务分析场景，主要因为财务指标非常明确，会计科目层级归属较清晰，从财务分析的简单场景应用先理解杜邦分析模型的逻辑，然后理解它在业务分析场景的应用，相对容易且高效。

总结本章表达的核心思想：学会借助杜邦分析模型快速搭建一套相对完整的商业分析框架，从而高效解决业务问题。当然，商业分析仅靠杜邦分析模型是不够的，建立基础性思维属于商业分析内容的冰山一角，但是打好基础很关键，希望大家通过本章的学习，能快速提升自己的逻辑思维和商业分析能力。

第 8 章

谁动了指标的"情绪"方向盘：相关性分析

在日常工作中，散点图（见图 8-1）经常出现在各种汇报中，大家对它都较熟悉，通常情况下散点图用来描述两个变量间的相关性关系。

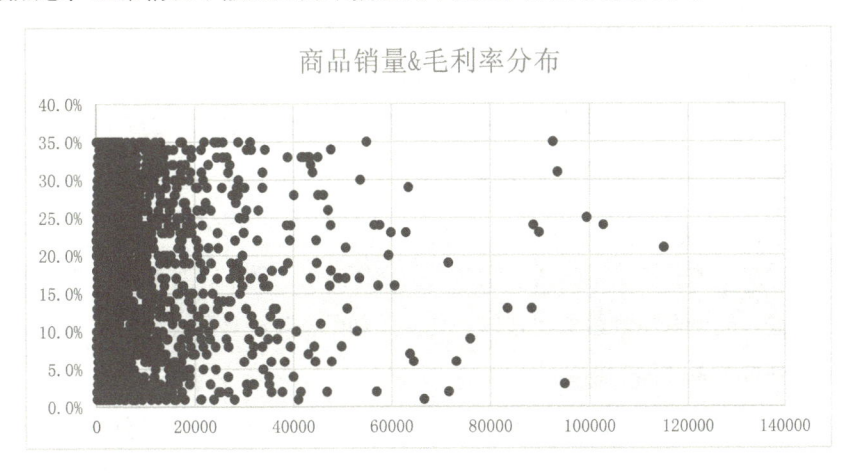

商品销量&毛利率分布

图 8-1

本书在第 1 章介绍了几种较为常见且基础的数据分析方法，其中包括相关性分析，在关系分析部分简单介绍了相关性分析的适用场景及经典可视化图表：散点图与气泡图的分析要点。

第 1 章的相关性分析介绍属于较为浅显的内容，严谨的相关性分析仅靠散点图或者气泡图的呈现是不够的，所以本章将对相关性分析的逻辑及应用做更深入、更详细的介绍，借助两个实际的业务应用讲解帮助读者加深对相关性分析的理解。

8.1 相关性分析是什么

如果两个变量的数据在平面空间为平行的两条直线，两条直线在数学空间上永远没有交集，也就是这两组数据在任何时刻都不具有任何关系，这种情景类似于路上两个陌生人擦肩而过。

如果两个陌生人在擦肩的一刹发现两个人曾是小学同学，两个人由无任何相关性关系转变为有相关性关系，这里两个人的相关性关系指同学关系。将这种情况映射到两个数据变量上，两个变量在同一平面坐标空间中，当其中一个变量数据发生变化时，另一个变量随之改变，称为两个变量具有相关性关系，而两个变量的相关性关系属于哪一类关系则无法同判别生活场景中两个人关系那么简单，需要对两个变量同时发生改变的规律进行观察分析。

具体相关性关系类型划分有以下两种依据。

1. 按两个变量的相关程度进行划分

完全相关：一个变量的数据结果完全跟随另一个变量的数据结果的变化而变化，例如，当两个变量构成数学函数关系时：$y=a \cdot x$，如果 a 是固定常数，x 是变量，那么 y 结果完全跟随 x 的数值变化而发生变化。

不相关：顾名思义，指两个变量没有任何关系，例如，平面空间中的两条平行直线，无论两条直线如何延伸，任何时刻两条直线都不会相交，所以它们不具有任何关系，即不相关。

不完全相关：介于不相关和完全相关之间的关系都称为不完全相关。

2. 按两个变量的变动方向进行划分

正相关：即正向相关，两个变量的数据变化趋势属于同一个方向。当一个变量值上升时，另一个变量值随之上升；反之，当一个变量值下降时另一个变量随之下降。典型例子：两个变量的数据在坐标空间里分布在一根向上的曲线上（见图8-2）。

负相关：即负向相关，两个变量的数据变化趋势不属于同一个方向。当一个变量值上升时，另一个变量值随之下降；反之，当一个变量值下降时另一个变量随之上升。典型例子：是两个变量的数据在坐标空间里分布在一根向下的曲线上（见图 8-3）。

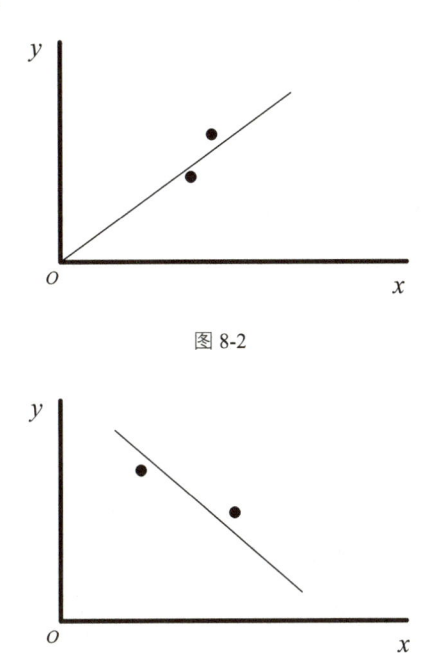

图 8-2

图 8-3

了解了相关性的类型后，如何判断两个变量具有相关性关系？靠可视化图表结果进行判断是一种粗略的做法，更为严谨的是计算数学指标，所以这里引入一个专业术语：相关性系数。它的含义是衡量两组数据或两个变量关联性的程度，值从 −1 到 1，负值表示负相关，正值表示正相关，0 是正负相关的分水岭，结果越接近 1，表示两个变量的相关性越强（见图 8-4）。

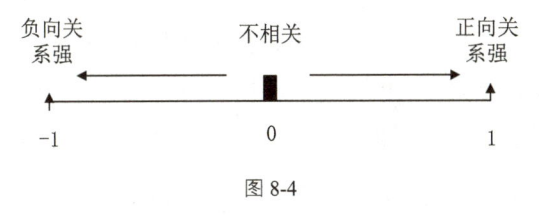

图 8-4

上述内容主要介绍相关性分析在数学上的表现形式和结果解读，在实际业务中，经常需要探索两个变量间的业务关系。企业中很多看似属于正常逻辑关系的业务现象是否与相关性分析结果相符合，例如，老客成交数高的商品，它的销量是否随之升高；当企业高层想要改善某一业务指标结果时，可以借助相关性分析找到对结果指标最具影响力的动因指标，例如，分析企业的销售额是与客流量的关系更强，还是与时间周期维度的关系更强，通过结果比较可以找到对销售额更具影响力的业务指标，进而制定相应的运营策略。

8.2 两个案例：相关性分析数据化决策怎么用

8.1 节介绍了相关性分析的数据结果和关系分类，它在业务分析场景中可以帮助决策者找到动因指标，或者发现两个业务指标的相关性关系，所以接下来将详细介绍相关性分析在实际的业务场景应用中如何发挥决策价值。

8.2.1 模型适用的零售业务场景

相关性分析因为指标选取的灵活性，实际应用也非常灵活，我们在第 1 章的关系分析中列举了几种常见的业务场景，这里总结一下不同的业务需求下的场景分类。

1. 业务指标间的关系探索

第 1 章中列举的关系分析，例如，销量与利润间的关系、复购率与销量间的关系，都属于两个业务指标间的关系探索，探索的目标是当一个变量值发生增大时，另一个变量是否随之增大或者减小，两个变量存在的关系类型是正向关系，还是负向关系，或是两个变量不具有任何关系。

在业务分析场景中，找到两个变量间的关系类型可以帮助业务决策者找到更有效的管理方式。例如，在对门店销量和门店总体利润进行相关性分析时，门店销量与门店利润存在的相关性关系可能是正向的，也可能是负向的。如果是负向关系，管理者需要做进一步的数据分析，找到产生负向关系的问题点。

在这种业务场景应用中，可以借助可视化图表，例如散点图、气泡图进行数据分布观察，以做简单的关系判断。

2. 找到相关性最强的动因指标

在企业分析指标体系下，每一家企业内部都有大量的分析指标，多数指标间具有千丝万缕的关系，哪一项指标对结果指标最具影响力，属于主要动因指标，此时可以借助相关性分析找到对结果最具影响力的业务指标。

例如，在 10 项分析指标中，想要找到对企业销售额影响最大的指标。如果不采取任何分析方法，对 10 项指标与销售额的关系进行逐一分析，借助相关性系数可以快速获得结果，且可以对 10 项业务指标的影响力进行排序。对靠前的影响指标，可以作为销售额提升运营策略制定时的重要考虑因素。

针对上述的业务场景，如果依托单纯的可视化图表则无法达成结果，需要进行相关性系数的计算方可评估。

8.2.2 案例 1：服饰公司的订货率为何骤跌

服饰品牌零售企业 Y 今年新出了一款外套，外套上市前，设计师对市面上较为新潮的外套做了非常细致的市场研究，款式、颜色、尺码、细节设计、面料等，能考虑到的细节都非常考究，经过百般斟酌定下外套款式，样衣出来后在企业内部做了几轮试穿，得到的反馈都非常不错。

企业高层做战略性决策时一向谨慎，此款外套上市，不仅设计师投入了大量的精力做研究，分析师也做了大量的市场数据分析。在将新品定为外套前，内部做过选品，前期在外套、裤子及裙子上展开过激烈讨论。最后分析师通过研究分析企业历史销售数据发现外套销量非常不错，在各个渠道的历年销量都比较稳定，库存周转率也很高，所以最终依靠分析师的分析报告，企业高层将新品选为外套。

因为前期的大量投入和高层的高度重视，所有人员对新品都寄予厚望，订货会开始之前花了大量的精力在新品宣传上，订货会结束后发现该商品的订货率结果很不理想，未能达到过往的平均水平，此结果出乎所有人的意料。

为什么新品的订货率无法达到过往的平均水平，高层领导决定进行一轮数据分析，用事实说话。

此前，数据团队未曾对订货会的数据做过专业的数据分析，所以对此次需求，首要问题在于选取什么数据做分析，分析什么内容。

1. 业务问题思考

具体是哪个业务环节或者指标对最终的订货率产生了重要影响，分析手段、维度有多种，Y 企业是否可以尝试采用相关性分析帮企业找到核心影响因素？

关于服饰，受欢迎与否的影响因素主要在于剪裁、款式、色号、尺码、新潮度、上身效果、易穿搭度等。关于剪裁、款式、新潮度3个指标，设计师在外套设计前已做过详细的市场调研和比对，一般情况下不会出现大问题。

样衣出来后，企业内部有过几轮试穿，试穿过程中匹配过不同的身形及身高，总体反馈不错。考虑目前市场需求较为丰富、多元，为了尽量满足不同的用户需求，此次色号及尺码相较之前的新品做得较多。外套在南方的穿搭适用于春天、秋天和初冬，在北方适用于春天、晚夏和初冬，总体而言，穿搭非常具有实用性。

如果要对上述考虑到的指标做详细的相关性分析，以找到与订货率关系最强的指标，则需要先对所有指标进行数据量化。剪裁、款式、新潮度、上身效果属于比较主观性的用户体验，无法量化为具体的数值，剩余色号及尺码两项指标，以往的订货会对色号和尺码具有详细的数据记录，所以目前可以基于色号和尺码数两项指标做相关性分析。

2. 数据分析思路

确认分析方向后，分析师从数据后台很快抽取出历届订货率与相应尺码数的数据，结果如表8-1所示。

表 8-1

订货率	尺码数	色号
90%	4	3
89%	4	3
88%	4	3
85%	5	4
78%	5	4
77%	5	4
76%	3	5
67%	5	5
65%	6	6

二维表数据不够直观，无法看出订货率与两项指标的相关性，所以将这两组数据"订货率－尺码数""订货率－色号"转化成可视化图表，结果如图8-5和图8-6所示。

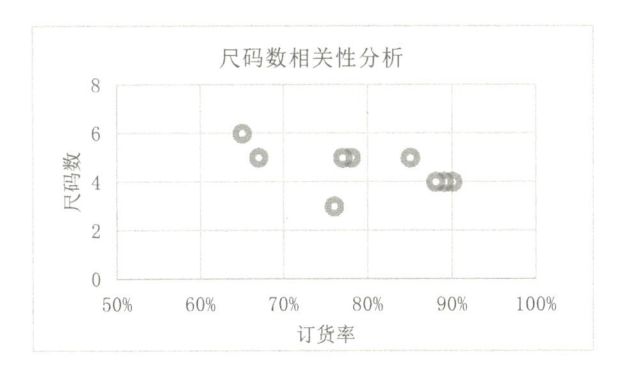

图 8-5

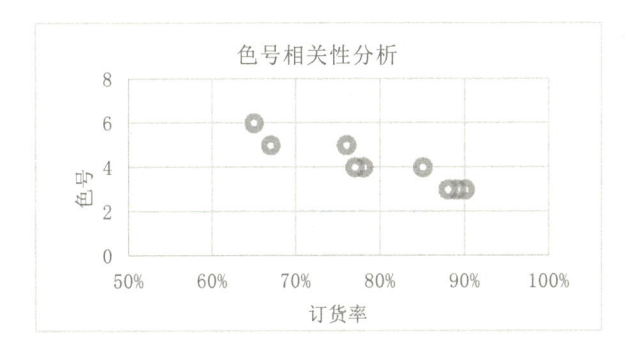

图 8-6

3. 图形注解

x 轴为订货率，y 轴分别为尺码数和色号。x 轴越向右，值越大；y 轴越向上，值越大。

- 尺码相关性分析图：通过图上的散点分布无法看出尺码与订货率的相关性关系。
- 色号相关性分析图：通过图上的散点分布可以看出色号越多，订货率越低。两者呈负向关系。

通过以上可视化图表的结果分析，可以看出订货率和色号的相关性程度比较高，关系呈负相关。

Y 企业关于此次订货率低的原因是否可以确定为色号过多？以上简单的可视化图表结果较为明显，暂时不做更深入的相关性系数计算，企业可以将更多的时间用于实际业务讨论，以及通过其他手段对数据结果进行验证。例如，对订货实际情况做一些必要的电话回访，根据以上相关性结果设计一些业务问题以获取订货率的真实反馈，关于相关性分析的应用本案例介绍于此。

4．案例小结

本案例从实际的工作问题角度介绍相关性分析方法的应用。于 Y 企业而言，先前已经经历数次订货会，有一定的数据沉淀基础，所以借助简单的散点图可以清晰地看出订货率与色号的相关性。如果对订货率与色号进行相关性分析后发现两者并无任何关系，那么 Y 企业还需借助更多的数据维度来进行更深入的数据分析辅助决策。

本案例的核心思想在于介绍如何利用相关性分析解决业务问题点，以及如何解读最后的可视化结果，相关性分析有时无法直接帮助决策，可能需要更多的数据分析来结合做决策，需要具体问题具体分析。

8.2.3　案例 2：用户生命周期为何这么短（CRM 管理）

超市 H 处于繁华商圈，周边有其他几家超市。超市几年前开始实行会员制，消费者持会员卡在非节日期间可以享受 9.1 折优惠，每逢超市店庆、节假日、周末等，根据当时优惠政策，在 9.1 折的基础上可以享受折上折。

鉴于超市高性价比的会员制度，几乎每位到场消费的用户都会办理一张会员卡。超市这两年紧跟时代发展，上线了线上超市业务，对商品价格实行线上、线下同价，两个渠道会员卡通用。会员制实行初期效果非常不错，给超市带来了可观的销售额，但最近发现超市整体销量波动较大，消费很多年的老会员突然中断消费。

超市老板面对日益波动的销售业绩，想到了一个分析维度：用户生命周期。希望借此指标分析了解老会员中断消费的发展趋势。如果按目前态势继续发展，超市的销售将会每况愈下，随着市场竞争的日益激烈，有一天超市将面临关门的风险，所以对超市用户现状的分析属于当务之急。

用户生命周期属于 CRM 的核心问题，它将影响用户对企业的整体贡献价值，属于一项重要的用户运营指标。

1. 业务问题思考

用户生命周期分析涵盖的内容较多，可以从多个维度对用户生命周期进行分析，需要考虑不同的业务场景和业务目标，顺着超市老板的问题思路，以及他的目标需求，这里的用户生命周期分析怎么做？

（1）用户平均生命周期如何计算？假设超市有 10 万个用户，每个用户都有不同的起始消费月份和终止消费月份，整体生命周期无法达到统一水平线。

（2）基于超市老板的需求，当务之急是找到对用户生命周期影响最大的业务因素。通常情况下，超市的业务指标较为固定，主要聚焦于消费频次、消费金额、购物篮系数、客单价、投诉次数等。这里可以将所有指标与用户生命周期分别做相关性分析，找到影响最大的动因指标。

2. 数据分析思路

本节主要介绍相关性分析，这里选择几个关键指标与用户生命周期做相关性分析，帮助读者理解相关性分析的思路。在实际应用时可以考虑纳入更多的分析指标。

选取指标：用户生命周期、消费频次、客单价、购物篮系数。

确定好分析指标后，分别计算用户生命周期与各分析指标的相关性系数，结果如表 8-2 所示。

表 8-2（仅计算第 1 行）

用户生命周期（月）	消费频次	购物篮系数	客单价（元）	相关性_频次	相关性_购物篮	相关性_客单价
55	200	25	250	0.9653	0.8272	0.9511
50	180	11	240			
45	135	15	190			
40	120	8	220			
35	105	9	180			
30	60	8	205			
25	55	7	150			
20	40	7	150			
15	45	5	90			
10	30	4	80			
5	15	4	60			

3. 业务决策应用

从表 8-2 中可以看到，用户生命周期与消费频次的相关性系数值较高，从业务角度表达了以下内容。

（1）在消费频次、客单价及购物篮系数 3 个指标中，对用户生命周期影响最大的指标是用户的消费频次，消费次数越多的用户付费周期越长。对于目前未流失的用户，可以统计不同用户的消费次数。需要特别关注的是，同一段时间周期内消费频次严重低于这个时间周期的平均消费次数的用户，需要采取提升用户消费频次的运营举措，以防止这些用户演变为流失用户。

（2）除了消费频次，客单价也是影响用户生命周期的关键指标。对客单价较低的用户可以采取一定的优惠策略或者其他运营手段进行干预，以防止这些用户演变为流失用户。

在上述两个应用方向上，数据分析结果的价值是落地，如何落地是重中之重，采取什么样的运营策略很关键，但落地过程中仅看相关性分析结果是不够的，需要综合多方面的数据进行分析。

4. 案例小结

本案例的核心在于讲解相关性分析系数在企业进行用户生命周期分析中的商业价值，通过可视化图表观察数据结果属于简单的相关性分析，这种情况只在部分场景下可以应用，更多时候需要严谨的数据结果来支撑决策，届时需要计算相关性系数。

本案例描述了一个特殊的情况：当业务分析思路混乱时如何进行相关性分析，在这种情况下建议先采用关键性指标进行分析。如果无法在关键性指标中找到结果，则可以对指标进行扩展。

相关性分析的价值需要有相应的运营举措，否则相关性分析没有任何意义。

8.3 相关性分析模型的实现

相关性分析的实现较为简单，常用的 Excel 即可实现，还可以借助 SPSS 进行计算。下面介绍这两种工具的具体实现方式。

1. Excel 实现

（1）准备分析数据源，目标指标数据及其他变量指标数据，至少两列数据。数据格式如表 8-3 所示。

表 8-3

用户生命周期（月）	消费频次	购物篮系数	客单价（元）
55	200	25	250
50	180	11	240
45	135	15	190
40	120	8	220
35	105	9	180

（2）计算相关性系数，Excel 有内置函数可以直接计算相关性系数。

这里使用 CORREL 函数，另取一列，写入公式：=CORREL(A2:A12, B2:B12)，结果如表 8-4 所示。

表 8-4（仅计算第 1 行）

用户生命周期（月）	消费频次	购物篮系数	客单价（元）	相关性_频次
55	200	25	250	0.9653
50	180	11	240	
45	135	15	190	
40	120	8	220	
35	105	9	180	

2. SPSS 实现

（1）准备相关性分析数据源，数据格式参照上述 Excel 实现的格式。

（2）导入数据，选择"文件—导入数据"命令（见图 8-7）。

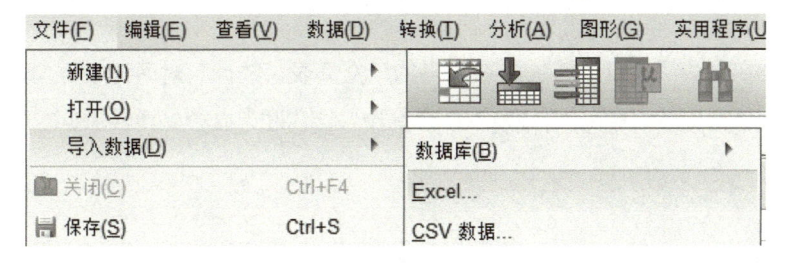

图 8-7

（3）计算相关性系数。选择"分析—描述统计—交叉表"命令（见图8-8）。

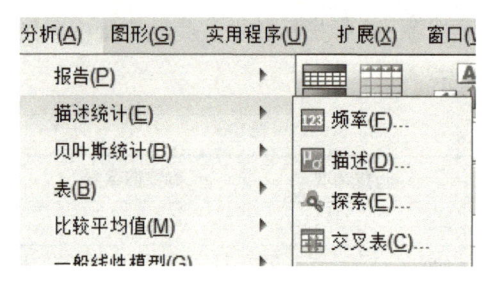

图 8-8

（4）在弹出的"交叉表"对话框中，将用户生命周期拖入"行"，将消费频次拖入"列"（见图8-9）。

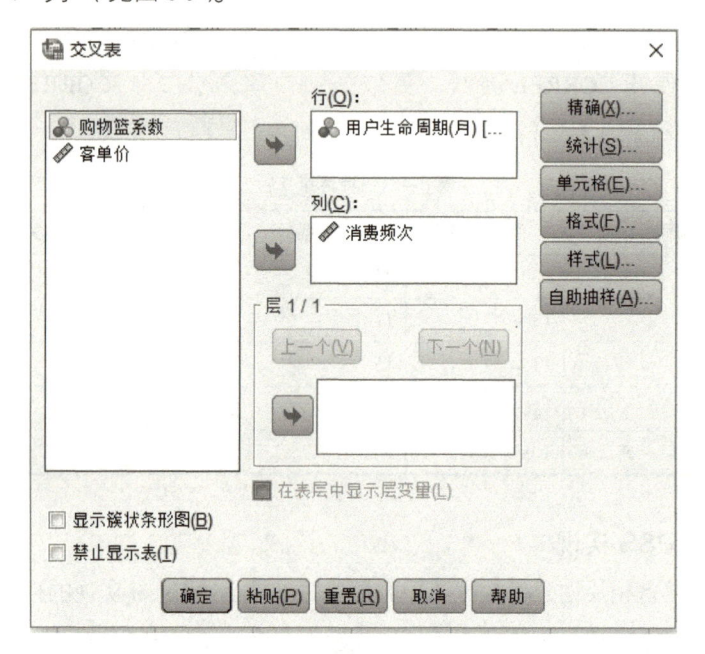

图 8-9

（5）单击"统计"按钮，在弹出的"交叉表：统计"对话框中，勾选"卡方"和"相关性"复选框，依次单击"继续"按钮和"确定"按钮（见图8-10）。

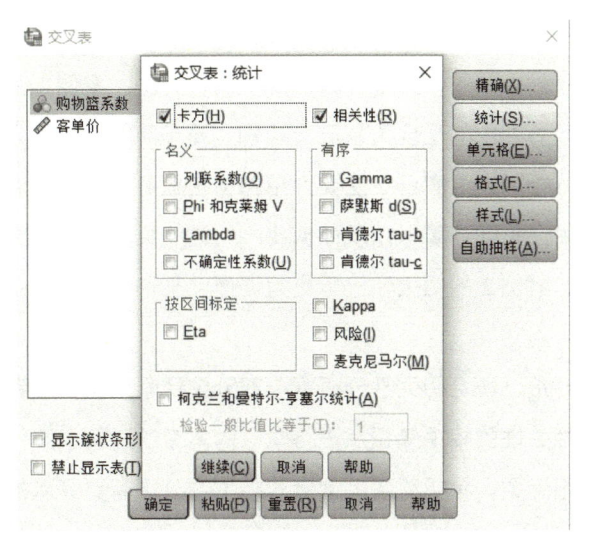

图 8-10

（6）相关性系数计算结果如图 8-11 所示。

对称测量

		值	渐近标准误差[a]	近似 T[b]	渐进显著性
区间到区间	皮尔逊 R	.965	.013	11.084	.000[c]
有序到有序	斯皮尔曼相关性	.991	.017	22.097	.000[c]
有效个案数		11			

a. 未假定原假设。
b. 在假定原假设的情况下使用渐近标准误差。
c. 基于正态近似值。

图 8-11

8.4 本章小结

本章主要介绍了两个数据变量的相关性关系类型的判别、适用场景及决策应用，它可以帮助分析人员在结果性指标相关的诸多影响指标中快速找到主要影响动因指标，或者具体帮助企业找到销量不佳但高毛利的商品。总体而言，相关性分析属于通用性分析方法，具有非常强的灵活性，所以相关性分析适用的业务场景非常多。

两个案例分别介绍了相关性分析判定的两种方法：案例 1 主要介绍如何观察两个变量在散点图中的呈现关系进行判别，属于简单的分析方法，可以解决部分场景下的分析问题；案例 2 主要介绍如何在业务分析思路混乱时选取关键性指标进行相关性系数计算，以及如何将相关性结果应用到运营策略中。相较案例 1 的方式，案例 2 的相关性分析更为严谨，某种程度属于由易到难的操作方式。

需要注意的是，学习相关性分析需要部分统计学知识，读者在使用相关性分析前可以对相关性的相关知识点进行学习。本章通过两个案例对相关性分析由浅到深的详细介绍，希望能帮助读者对相关性分析有更深入的理解，可以灵活运用它解决业务分析难题。

第9章 "人以群分"科学决策：聚类分析

"物以类聚，人以群分。"正常情况下，我们将具有相似行为特征、言语表现，或者相似兴趣爱好的人归为一类人，这种归纳手段属于简单的生活逻辑。从严谨的数学角度来说，这种归纳逻辑有无"证据"很重要，"证据"意味着"物以类聚，人以群分"是在一定客观数据基础上得出的，是具有一定可信度的结论。

如果"物以类聚，人以群分"确实有一定的客观数据支撑，那么它不只可以应用在生活场景中，还可以被应用到商业场景中。

对企业而言，无论是线上2C业务还是线下2C业务，尤其是零售品牌企业，它所面对的是具有一定规模的消费"人群"，规模体量可能有的有10万人，有的有50万人，有的有200万人，甚至上亿人，这种规模体量下的人群都不会是同一类人。例如餐饮企业，消费人群中有人喜欢香辣菜、有人喜欢素菜、有人喜欢甜食、有人喜欢汤类菜，从点菜种类可以将消费人群分成不同类型。再换另外一个角度，有人喜欢点低价菜、有人喜欢点高价菜，从点菜价格再次将消费人群分成不同类型，所以在商业场景中"物以类聚，人以群分"依然成立。

应用到商业场景的结论需要有严谨的数据支撑，简单理解为是否可以通过一定的数学或者统计学手段证明"物以类聚，人以群分"，如果证明过程成立，那么此结论属于有效应用。

实现"物以类聚，人以群分"的数学过程具有专业的分析模型：聚类分析。本章将详细介绍数学意义上的分类原理，以及其适用的工作场景，借助两个实际的案例深入讲解业务分析过程中如何实现"物以类聚，人以群分"，以及它的业务决策价值。

9.1 "人以群分"的分类逻辑

在数学上的人群分类逻辑区别于简单的生活理论逻辑，所以如何用数学逻辑解释人群聚类？

聚类分析简单可以理解为通过一定的数据技术手段将具有相同数学特征的数据集合划分为同簇集的过程。

上述对聚类分析的释义不便理解，我们举一个简单的场景案例加以说明。

班级有20名学生，期中考试一共4个科目：语文、数学、英语、政治。

期中考试结果出来后，发现几乎没有一个学生4门课程全优，多数女生数学成绩不佳，多数男生语文与政治成绩不佳。于是，衍生出一个问题：20名学生中谁与谁的能力比较相近？如果要开设课外辅导小组，20名学生可以分成几个学习能力差不多的小组？如果对20名学生采取一对一的辅导策略，那么老师的工作量会很大。如果能将20名学生分成3组或者4组，那么老师的工作量将从20人变成3"人"或者4"人"。

如何对20名学生进行分类呢？部分老师会采用简单粗暴的分类方法：将20名学生4个科目的分数加总得一个总分值，然后对总分从大到小进行排序，再取不同的阈值划出3个小组或者4个小组。

假设有两名学生4个科目的总分不相上下，其中一名学生语文成绩相当弱，另一名学生数学成绩相当弱。如果按照总分从高到低划分的结果，两名学生将被划到同一小组。事实上，这两名学生在数学和语文上的能力相差甚远，某种程度而言，分属两类人群。

这种情况可以使用聚类分析模型来帮助班主任进行更加科学及切合实际的合理分组，分组的过程就是本章的核心模型内容：聚类分析。

聚类分析模型属于数学模型，了解聚类分析需要有一定的数学和统计学相关知识，有需要的读者可以自行先去学习一下相关基础知识，本章的讲解侧重点在于它的商业价值应用，具体实现可以借助专业的分析工具。

零售业为何要做聚类分析？

了解聚类分析的原理后，我们可以发现聚类分析主要针对某种主体对象进行数学特征归类。例如，企业的商品，部分商品的用户行为特征会出现相同情况；或者企业的员工，在不同的工作能力维度也会出现能力不相上下的情况。针对这些情况的"对象"归类，都可以采用严谨的数学分类方法，也就是聚类分析。

关于实现数据分类的模型，本书介绍的分析模型里还有其他可以实现的方法，例如，RFM 分析模型，它可以根据不同用户的消费金额、频次及消费时间的远近对人群进行价值度分类；或者是象限分析，可以对两个分析维度或者 3 个分析维度下的人群进行不同指标值分布观察。这些模型及未提及的其他模型都属于思维应用模型，可分析的特征指标数具有一定的局限性，聚类分析属于数学意义上的分类模型，可以对"对象"进行多特征分类。

针对零售行业的企业，我们可以看一些特殊的业务场景，如果不使用聚类分析，它是否有更好的分类模型可以选择？

例如，一家企业在全国有 200 多个销售员，每个销售员的行为指标非常丰富，如何将销售员进行很好的分组；或者企业有 1000 个 SKU，每件商品具有库存周转、销量、客单价、成绩用户数等数十个分析指标，这种情况下如何对这些 SKU 进行更好的分类管理。

面对一个"对象"的多种特征指标时，很多分析模型都无法适用，不管是线上互联网企业，还是线下零售企业，最好的分析选择是采用聚类分析模型，用数学手段高效快速地分类。

9.2 两个案例：聚类分析数据化决策怎么用

聚类分析模型属于一个经典的分类模型，通过 9.1 节的内容讲解，我们对它的原理有了较清晰的认识。模型的核心思想是根据特征分类，具体选取哪些特征在具体的实现过程中需要多方斟选。建议读者在了解它的应用之前先补充一定的统计学知识，本书因篇幅有限，模型具体的数学原理、过程及基础知识不再赘述。

模型能够带来哪些业务价值，比模型本身更复杂、更重要，所以接下来的重点在于它实际的落地应用，以及在实现过程中关于业务的思考。

9.2.1 模型适用的零售业务场景

聚类分析模型的主要业务目标是找出具有相似行为特征的目标对象，并进行归类，在实际工作场景中，聚类分析模型常见的主要适用场景有以下几种。

1．用户细分

用户对企业的重要性几乎在每一个分析模型介绍时都有所提及，所以很多分类模型都适用于用户分类，在 9.1 节我们介绍了聚类分析模型与其他模型的区别，所以聚类分析模型在用户细分领域具有举足轻重的地位。

企业进行用户细分的主要目标：一是基于营销目标，二是基于管理目标。

基于营销目标的用户细分手段非常多，例如本书介绍的 RFM 分析模型、帕累托分析模型，以及包括后面章节将会讲到的 AIPL 人群、用户画像分析，每一种分析手段对用户细分采用的行为特征维度不一，所以每一种分析模型匹配的营销价值也不尽相同。基于营销目标的用户细分更关注用户于当次活动本身变现能力的分析指标。

多数可用于基于营销目标的用户细分模型都可用于管理目标，例如，RFM 价值度分类，它可以帮助企业找到单次最佳的营销人群，同时将所有用户分出不同价值度的群体后，企业可以更好地实现用户管理，不同人群具有不同的行为特征，基于用户不同行为特征制定相应的贡献激励策略或者挖掘他们潜在的升"价"空间。基于管理目标的用户细分更关注用户的整体价值。

聚类分析模型可以同时适用于两种业务目标需求场景，需要注意的是，在选取分析特征时需要对业务需求进行详细的了解与分析。

2．其他"对象"分类

聚类分析主要基于一定的对象进行多特征分类，所以在一个主体对象具有多项行为特征指标时，都可以采用聚类分析模型对主体进行分类。

企业中的可分类"主体"除了用户，还包括商品、门店、地区、销售员等。

3．其他模型应用

上述两个场景主要介绍聚类分析的业务应用，因为模型本身的过程属性，聚类分析可以作为其他模型的叠加使用模型，具体内容不展开细述，有兴趣的读者可以自行研究。

对聚类分析模型适用的业务场景，本章开篇已经进行穿插介绍，接下来用两个案例对聚类分析具体的决策应用进行完整的介绍。

9.2.2 案例1：商品的精细化运营该怎么做

Z企业是一家专门销售各种工业包装用纸的零售商，具体的包装纸品种一共有23种。近几年，因为市场竞争激烈，所以企业销量很不稳定。企业领导决定对公司整体的运营策略进行调整，改变以往较为粗放的管理方式，转变为精细化运营。首先从商品入手，力求对不同的商品品类实行不同的营销举措，最大限度地挖掘商品的销售价值。

Z企业销售纸张类型如表9-1所示。

表9-1

商品类型
薄页包装纸
普通包装纸
条纹包装纸
农用包装纸
香皂包装纸
皱纹轮胎包装纸
浆渣包装纸
铝器包装纸
包装原纸
再生牛皮纸
再生水泥袋纸
防水袋纸
磷肥袋纸
再生皱纹封袋纸
包装纸
牛皮卡纸
灰衬纸

续表

商品类型
蓝色包砂纸
复合皱纹原纸
机制白皮纸
真空镀铝原纸
真空镀铝纸
胶片衬纸

1. 业务问题思考

Z企业一共销售23种包装纸，每一种包装纸的用途都不一样，所以对所有商品实行精细化运营要怎么做？

精细化运营意味着对每一种包装纸的销售属性要非常清楚，从货与人的角度，业务模式主要有以下两种（见图9-1）。

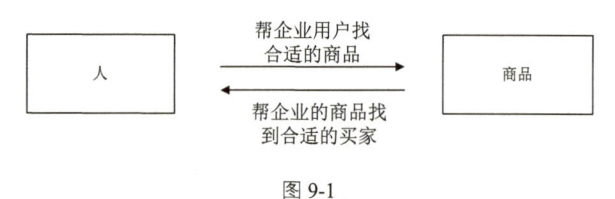

图 9-1

第一种：人找商品，即帮助企业的用户找到适合他们的商品。企业用户众多，无法详细了解每一位用户的需求，且需求容易因主、客观因素随时发生改变，所以此种模式在执行时具有一定难度。

第二种：商品找人，即帮助企业的商品找到合适的用户。此种方式相对容易，企业都有一定的历史用户数据沉淀，于企业而言，可以通过历史数据分析发现不同用户对商品的需求，还可以根据收集到的用户信息，主动将部分商品推荐给用户，提高用户与品牌的购买黏性。

2. 解决思路

（1）针对23种不同的商品相应制定23种运营策略是一项非常艰巨且难以实现的工作，所以首先要对所有包装纸有全面的了解，然后采取化繁为简、化大为小的策略，对23种商品进行有效分类，缩小范围。

（2）分类手段需要一定的分类依据，即分析指标，所以需要确定对哪些商品相关的分析指标做分类。

（3）商品层面的消费属性可以考虑两个直接的指标：成交新用户数和成交老用户数。

（4）确定成交用户两项关键性指标后，还需要考虑一个核心指标：销售额。销售额是商品产出的最终指向特征，所以分析时属于必须分析项。

> 注：上述指标的选择主要是为了案例讲解的便捷性。在实际工作中，3个指标是不够的，需要实际情况实际分析，根据业务需求选择合适的指标。

3. 数据分析

分析思路确定后，从后台抽取23种商品的成交新用户数、成交老用户数和销售额数据，具体数据格式如表9-2所示。

表9-2

商品类型	成交新用户数（人）	成交新用户数（人）	销售额（元）
薄页包装纸	3 667	893	19 133
普通包装纸	2 351	3 794	20 786
条纹包装纸	1 392	2 159	11 278
农用包装纸	3 583	879	18 727
香皂包装纸	4 728	4 596	32 700
皱纹轮胎包装纸	2 680	2 740	19 000

说明：聚类分析有多种聚类方式，具体分为哪几种，每一种聚类方式的实现原理及统计学相关知识的内容非常多，读者可以查阅相关资料学习。

抽取数据后开始进行聚类分析，选择通用方法：快速均值聚类。聚类分析属于无监督分析，没有训练样本学习，需要预先确定结果分为几类人群。

具体分为几类，可以通过一些数据分析手段实现，也可以通过结果测试达成，最终分类结果需与业务紧密结合，否则无任何意义，这里采用探索式分析方式，初次将人群类别数定为3类。

借助专业的分析工具，快速分析后得出如图9-2所示结果。

最终聚类中心

	聚类		
	1	2	3
成交新客户数	3198	2204	1814
成交老客户数	2452	4663	2220
销售额	19525	28769	11364

图 9-2

从图 9-2 中可以看出，软件已将 23 种包装纸分成 3 类，其他的数据结论如下。

第 1 类商品：总体商品的成交新用户数的平均值为 3198，成交老用户数的平均值为 2452，销售额的平均值为 19 525。这类商品的业务特征是对新用户具有一定的吸引力，但成交老用户数不多，说明新用户的复购率较低。

第 2 类商品：总体商品的成交新用户数的平均值为 2204，成交老用户数的平均值为 4663，销售额的平均值为 28 769。这类商品的业务特征是非常受老用户欢迎，但是不容易被新用户关注到。结果的成因可能是这类商品质量较高。

第 3 类商品：总体商品的成交新用户数的平均值为 1814，成交老用户数的平均值为 2220，销售额的平均值为 11 364。这类商品的业务特征是属性比较常规的销售，在面向新用户和老用户时销售特征无显著差异。

基于目前的聚类结果观察，3 类商品在用户成交及销售指标上呈现一定的差异度，对目前的数据结果是否具有可信度，可以通过方差检验的方式对 3 类商品的均值差异的显著性做检验，检验结果如图 9-3 所示。

ANOVA

	聚类		误差			
	均方	自由度	均方	自由度	F	显著性
成交新客户数	4620960.043	2	1196804.157	20	3.861	.038
成交老客户数	8836049.266	2	1732468.269	20	5.100	.016
销售额	395199542.1	2	5888251.084	20	67.117	.000

图 9-3

注：ANOVA 是方差检验，主要目的是验证目前聚类分析模型结果的 3 类人群在样本均值上是否具有显著性差异。需要注意的是，理解方差检验需要一定的统计学基础知识。

从图 9-3 中可以看出，目前 3 类人群的 3 个分析指标的显著性结果分别为 0.038、0.016 和 0.000，显著性水平值都小于 0.05，结果意味着将有 95% 以上的概率证明此次聚类分出的 3 类人群确实存在显著性差异。

不过观察最终结果值可以发现，成交新用户数指标的显著性水平虽然也在正常范围之内，但略高。

基于上述结果，可以考虑再次迭代优化，将分类人群数更改为 4 类，再次借助专业的分析工具实现，结果如图 9-4 所示。

最终聚类中心

	聚类			
	1	2	3	4
成交新客户数	4728	1887	1532	3321
成交老客户数	4596	4464	2408	2023
销售额	32700	25676	10781	18469

图 9-4

图 9-4 的数据解读同第一次结果，将分类树定为 4 类后，最终分出以下几类人群。

第 1 类商品：该类商品的成交新用户数、成交老用户数较为均等。

第 2 类商品：该类商品的成交老用户数远高于成交新用户数，且销售额也较高。

第 3 类商品：该类商品的成交老用户数略高于成交新用户数，销售额一般。

第 4 类商品：该类商品的成交新用户数高于成交老用户数。

根据聚类结果发现，将分类数从 3 调到 4 后，不同类商品的消费特征发生了一些改变，目前分出的 4 类商品是否确实有差异，需要再一次采用方差检验，最终结果如图 9-5 所示。

ANOVA

	聚类		误差		F	显著性
	均方	自由度	均方	自由度		
成交新客户数	6539907.486	3	713593.724	19	9.165	.001
成交老客户数	8202501.644	3	1458629.420	19	5.623	.006
销售额	272052785.6	3	4842407.844	19	56.181	.000

图 9-5

从图 9-5 中可以看到，调整人群分类数后，3 个指标的显著性水平有所改善，几乎都接近于 0，第一次方差检验发现成交新用户数指标的显著性水平略高，调整分类树后，显著性水平明显下降。

通过两次聚类的方差检验结果比较，可以看出第二次聚类效果优于第一次聚类，所以 23 种商品的最佳分类为 4 类。

3．业务决策应用

根据第二次分类结果，提炼出以下具有明显业务特征的 4 类商品。

第 1 类商品：成交新客数约等于成交老客数，且销售额较高。

第 2 类商品：成交老客数 > 成交新客数，平均销售额较高。

第 3 类商品：成交老客数 > 成交新客数，平均销售额较低。

第 4 类商品：成交新客数 > 成交老客数。

根据这些商品特征，最终运营策略可以从以下方面入手。

（1）针对上述第 1 类商品，新老客成交都较为乐观，且销售额也不低，这种情况下运营可以以扩展该商品的新、老客户群为主，扩大消费受众者来提高该类商品销售额。

（2）针对上述第 2 类商品，这类商品属于公司的明星商品，本身具有一定的品质口碑，在后续商品质量上要严格做好品控，保质保量，保证稳定的市场口碑。当然，去开发一些相似的商品也是一种不错的市场战术。

（3）针对上述第 3 类商品，老客比新客多，说明该类商品复购率较好，可以考虑老客带新客的运营方向，最终提高该类商品销售额。

（4）针对上述第 4 类商品，找到这类商品中价格最低的商品作为引流商品。

4．案例小结

本案例详细介绍了如何切合不同业务场景中选取聚类分析所需要的特征指标，以及聚类分析在具体业务场景中的实现和相应的业务落地应用。

案例着重介绍聚类分析实现过程中的探索式分析，因为在实际工作中，不是所有的数据分析都可以一蹴而就，在面临新的分析课题或者面临新的分析方法时，大多需要秉持探索与复盘、迭代改进的思想对业务结果做各种探索式分析。有些数据会说谎，所以分析后的结果需要与业务结合，以找到最佳分析方法和调整分析指标。

在企业实行精细化运营管理的过程中，任何适用于数据运营的方法都适用，例如本书其他章节介绍的一些分析模型，难点在于找到合适的分析指标和分析方向，本案例只是基于聚类分析的应用做深入的介绍，包括但不限于此种分析手段。

需要注意的是，聚类分析模型属于数学层面的模型，业务层面背后的统计学知识也非常关键，所以对该分析模型有兴趣的读者需要补充一定的统计学知识。

9.2.3 案例2：如何科学搭建会员等级体系（CRM管理）

当零售业开始转变传统的经营理念，将以"用户为主"作为企业主导经营思想时，会员权益体系在一家零售企业的重要性不言而喻，它属于用户运营中最有效的一种管理手段。在具体应用上，会员权益体系多数时候是作为一种激励手段与用户关怀手段参与用户管理的。无论企业的经营模式是互联网业务，还是传统零售，或者是新零售模式，它都是一种无比重要的经营管理手段。

搭建会员权益体系，给予用户权益的前提是对企业用户明确划分出相应的会员等级。在会员等级划分的过程中，多数企业都采取较为简单的划分方式：将用户的全年销售额进行汇总，按从高到低排序，然后按用户数占比或者对不同等级选取一定的阈值。这种划分方式简单有效，在了解了聚类分析模型后，我们同样可以借助它来对用户会员等级进行更为严谨的划分。

接下来以超市为例，探讨一下如何利用聚类分析模型实现会员等级划分。

一般超市都具有较大规模的用户体量，有效的会员等级制度可以为用户带来更好的购物服务体验，同时提升用户与超市的黏性，延长用户的生命周期。

1. 数据分析思路

准备超市的用户购买数据，数据维度与传统的会员等级划分使用的数据维度保持一致，数据维度如表9-3所示。

表 9-3

用户名称	销售额（元）
欧阳英	27 910
欧阳聪	18 789
欧阳明	19 717
欧阳栋	4 091
欧阳春	45 223
欧阳玉	12 647
欧阳锦	24 119
欧阳立	13 342
欧阳一	7 953
欧阳斯	20 291
欧阳松	17 431
欧阳忠	56 128

一般企业的会员等级有 5 个层级，所以我们将 5 作为聚类分析的分类数。这里同样使用快速均值聚类的方式对表 9-3 所示的超市用户消费金额进行分类，结果如图 9-6 所示。

最终聚类中心

	聚类				
	1	2	3	4	5
销售额	62252	18681	30359	8149	42917

图 9-6

从图 9-6 中可以看出，所有的用户已经被分成了 5 类，可以清晰看到每类人群的平均销售额，每一类人群的平均销售额差异都以万元为单位。从结果数据层面发现差异较为显著，为了结果的严谨性，同样进行方差检验，检验结果如图 9-7 所示。

ANOVA

	聚类		误差			
	均方	自由度	均方	自由度	F	显著性
销售额	3.436E+10	4	13624910.15	785	2521.764	.000

图 9-7

从方差检验的结果来看，统计显著性水平 <0.05，说明此次分类结果的各类人群特征具有显著差异。

2．业务应用

根据以上分类结果，对各类人群的平均销售额按从高到低排序，整理成如图 9-8 所示的业务结论。

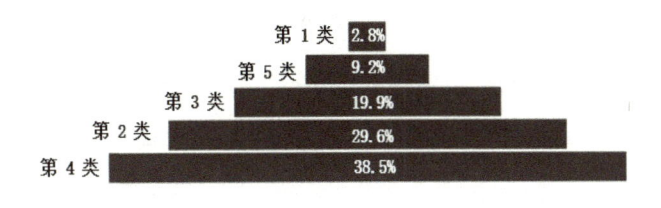

```
第 1 类  2.8%
第 5 类  9.2%
第 3 类  19.9%
第 2 类  29.6%
第 4 类  38.5%
```

图 9-8

3．图形说明

金字塔图，自下向上，用户数逐渐减少，处于金字塔顶端的用户数占比最少。左边第几类表示聚类分析结果分出的人群类别。

聚类分析模型结果的 1 类、2 类、3 类、4 类、5 类的人群顺序与最终会员分级顺序不匹配，会员等级是在分类顺序结果上按各类人群的平均销售额从高到低进行排序的，金字塔上层的用户群的平均销售额最高。

4．结论说明

将聚类分析模型结果整理成会员等级分级结果后，企业用户分布情况：处于会员最高级的人群占比 3% 左右，会员等级越低，人群基数越庞大。正常情况下，企业按会员消费金额划分等级，最终的各会员层级的人群分布同样符合金字塔越往上用户数越少的逻辑。

下面思考一个问题：会员等级的人群分布为何不是反方向？我们是否可以将聚类结果人群最多的那一类定义为金字塔顶端人群，即将人数最多的分类划为会员等级最高级。

解答此问题需要客观的数据支撑，所以可以看一下聚类分析模型实际结果的分类人群和各人群相应的平均销售额，结果如表 9-4 所示。

表 9-4

聚类结果	平均销售额	人数	人群占比
1	62252	22	2.8%
5	42917	73	9.2%
3	30359	157	19.9%
2	18681	234	29.6%
4	8149	304	38.5%

从表 9-4 中可以看出，平均销售额越低，人群基数越庞大。本书第 3 章介绍了一个经济学定律：二八定律。该定律认为一家企业的 80% 的贡献几乎来源于企业 20% 的用户，所以无论从数据分析还是社会现象进行会员等级划分，都是居于金字塔顶端的人数最少。

5．案例小结

会员等级划分是每家企业必备的一项重要的 CRM 工作，行业一贯操作方法一般是采用销售额阈值划分的方式，在理解了聚类分析后，我们可以有更严谨、科学的划分方式。

案例 1 对聚类分析模型实现中如何选取分析指标、如何进行探索式分析，以及结果如何解读都进行了详细的介绍，所以本案例略过了重复性的过程，着重介绍聚类分析如何解决会员等级的业务应用，以及会员等级金字塔的人群分布的业务逻辑。

很多业务情景下，很多传统的操作方式具有一定的效果，但从严谨及科学角度而言，选择深层次的数据分析方法可以让结论证据更有力。

9.3 聚类分析模型的实现

关于聚类分析模型，很多工具都可以实现，比较经典的工具是 Python，因为聚类分析模型严格意义上属于一种数学模型，使用编程工具可以直接调用内置的算法包 sklearn 实现，也可以手动聚类，优化聚类过程。

如果不会使用编程工具 Python，也可以使用 IBM 的工具 SPSS 来实现。如果需要做方差检验或者数据标准化，SPSS 都可以一步到位，而且不用任何编程操作。

软件准备：SPSS Statistics 25.0。

（1）准备好聚类分析的数据源，数据格式参考案例 1。数据可以来自 Excel，也可以来自数据库，这里以 Excel 数据源为例，打开 SPSS Statistics 25.0，菜单栏中选择"文件—导入数据"命令，如图 9-9 所示。

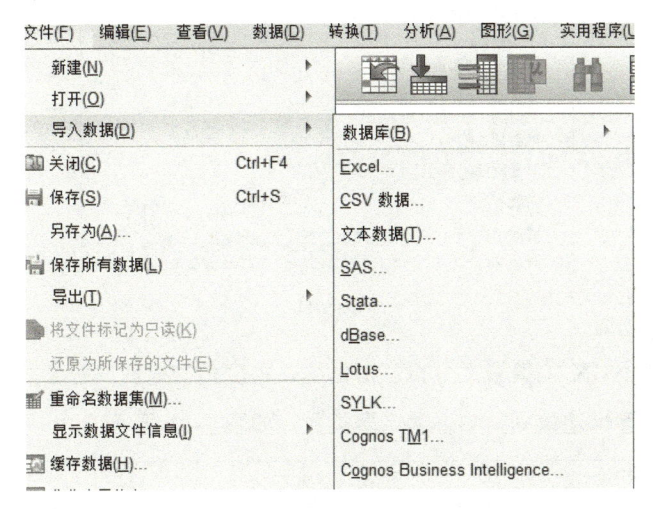

图 9-9

（2）导入数据后，可以在数据视图中看到如图 9-10 所示界面。

包装纸类型	成交新客户数	成交老客户数	销售额
薄页包装纸	3667	893	19133
普通包装纸	2351	3794	20786
条纹包装纸	1392	2159	11278
农用包装纸	3583	879	18727
香皂包装纸	4728	4596	32700
皱纹轮胎包装纸	2680	2740	19000
浆渣包装纸	1510	1357	11621
铝器包装纸	4982	969	21866
包装原纸	999	4499	12994
再生牛皮纸	3904	3031	19932
再生水泥袋纸	1005	4809	29070
防水袋纸	2915	759	8866

图 9-10

（3）选择"分析—分类—K-均值聚类"命令，如图 9-11 所示。

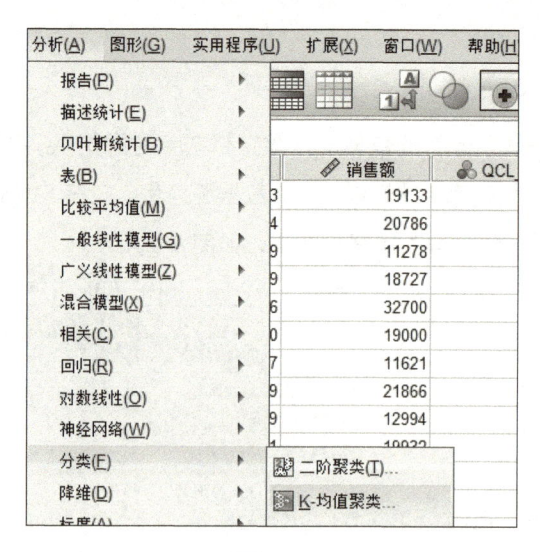

图 9-11

（4）弹出"K 均值聚类分析"对话框，将度量值拖入"变量"中，将维度值拖入"个案标注依据"中，确定聚类数，如图 9-12 所示。

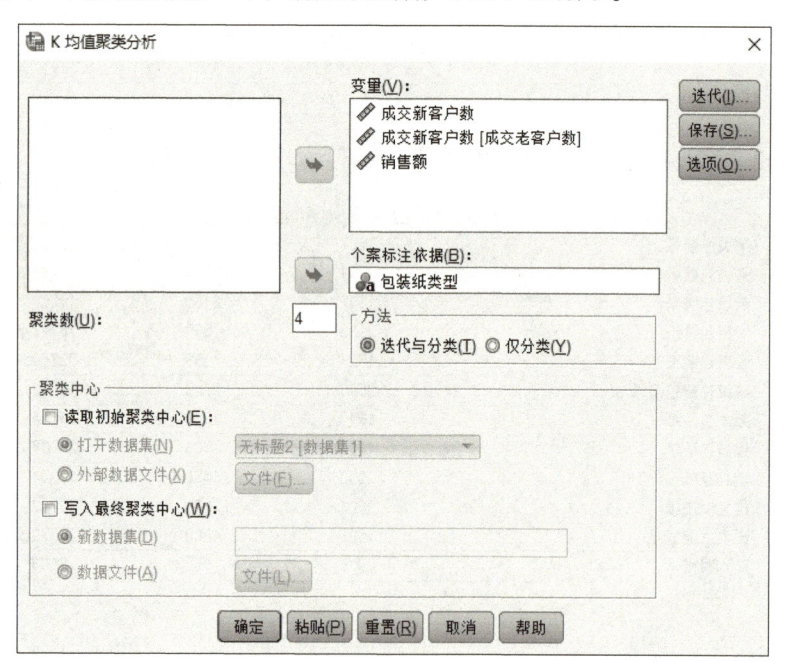

图 9-12

（5）单击"迭代"按钮，在弹出的"K 均值聚类分析：迭代"对话框中选择最大迭代次数，默认为 10。这里可以手动更改，在实际操作中一般 10 次足够，单击"继续"按钮，如图 9-13 所示。

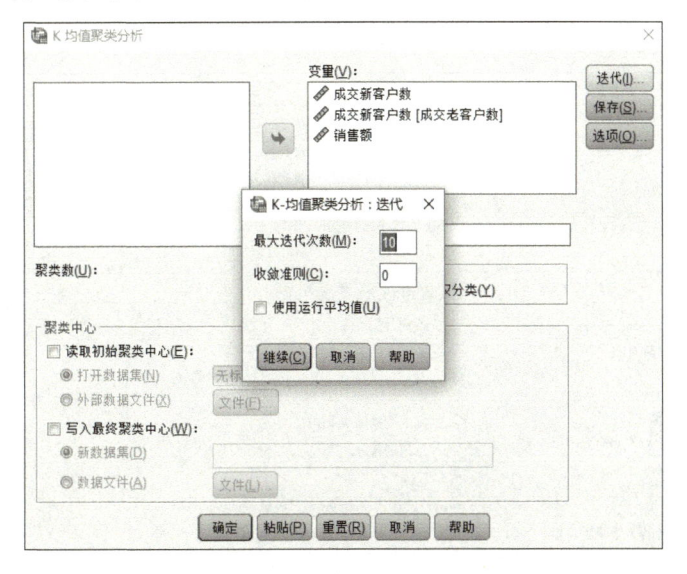

图 9-13

（6）单击"K 均值聚类分析"对话框中的"保存"按钮，弹出"K- 均值聚类：保存新变量"对话框，勾选要保存的内容复选框，尽量全部选择，在结果表上可以看到更详尽的分类过程信息，单击"继续"按钮，如图 9-14 所示。

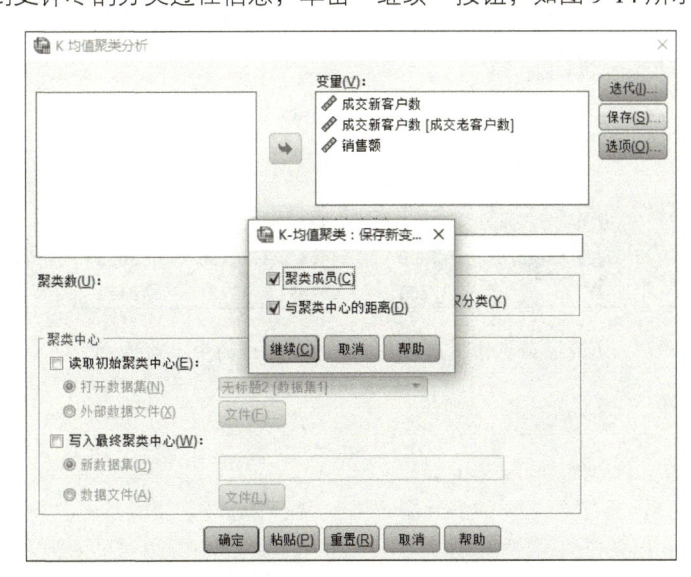

图 9-14

（7）单击"K 均值聚类分析"对话框中的"选项"按钮，在弹出的"K-均值聚类：选项"对话框中，至少勾选"初始聚类中心"及"ANOVA 表"复选框，单击"继续"按钮，如图 9-15 所示。

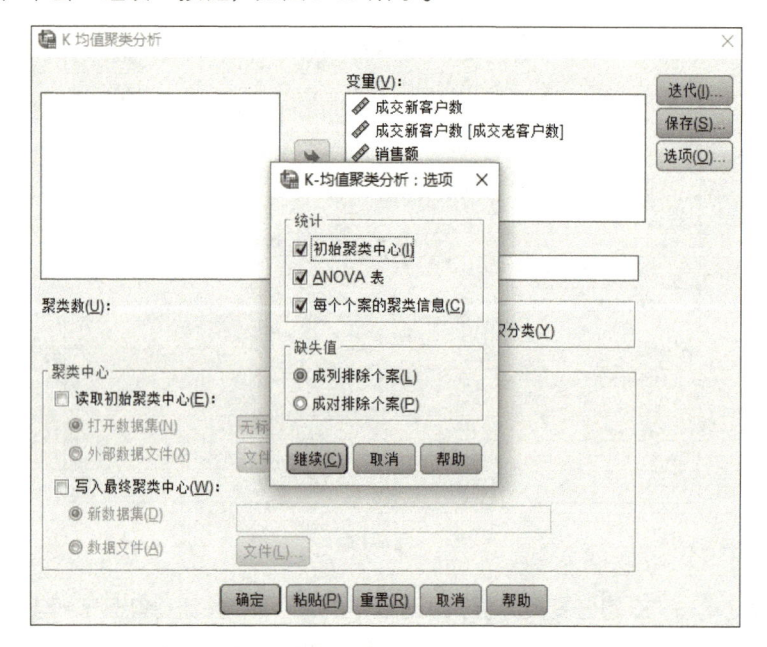

图 9-15

（8）确认无误后单击"确定"按钮，工具会自动进行运算并输出如图 9-16 至图 9-18 所示结果。

最终聚类中心

	聚类			
	1	2	3	4
成交新客户数	4728	1887	1532	3321
成交老客户数	4596	4464	2408	2023
销售额	32700	25676	10781	18469

（注：聚类输出后各分类中不同指标的中心均值。）

图 9-16

ANOVA

	聚类		误差			
	均方	自由度	均方	自由度	F	显著性
成交新客户数	6539907.486	3	713593.724	19	9.165	.001
成交新客户数	8202501.644	3	1458629.420	19	5.623	.006
销售额	272052785.6	3	4842407.844	19	56.181	.000

由于已选择聚类以使不同聚类中个案之间的差异最大化，因此 F 检验只应该用于描述目的。实测显著性水平并未因此进行修正，所以无法解释为针对"聚类平均值相等"这一假设的检验。

（注：方差检验表，主要指标看统计显著性水平是否小于 0.05。）

图 9-17

每个聚类中的个案数目

聚类	1	1.000
	2	5.000
	3	6.000
	4	11.000
有效		23.000
缺失		.000

（注：聚类输出后各分类的个案数。）

图 9-18

9.4 本章小结

关于聚类分析模型在零售业中的场景应用就介绍到这里。本章分别介绍了聚类分析模型适用的业务场景，以及聚类分析模型在精细化运营管理和 CRM 中会员等级划分的业务场景下的实现过程和决策应用，相对而言，两个业务场景都属于企业典型场景。

如何实现商品的销售价值最大化是多数企业面临的一大难题，所以案例 1 主要介绍零售企业对商品的精细化运营管理，从分析指标选取、模型实现、探索分析、数据结果解读到决策应用都花费较大篇幅，希望读者可以领会到聚类分析模型的实现和决策价值。

案例 2 略过了较多过程，主要介绍如何借助聚类分析模型实现会员权益体系搭建中很核心的会员等级划分。大数据时代，很多时候传统的工作方式需要做改进或者被颠覆，更科学及更客观的数据分析方式需要被看到。

需要注意的是，聚类分析模型属于数学模型，理解聚类分析结果需要一定的统计学相关知识，本书的内容重心是分析模型适用的场景及决策应用，所以相关模型的基础知识需要读者自行补充。

第10章

360度了解"陌生人"的商业手法：用户画像分析

"咦，你看那个人穿着一身休闲装，看上去不到30岁，感觉穿着挺随意的，还背着一个沉重的黑色电脑包，正往张江软件园的方向走，他应该是个程序员吧？"

这种对话在日常生活中并不少见，多数情况发生在聊天或者一个特殊的场景中。将这句话置于日常生活中属于非常普通的语言描述，如果将它置于大数据分析工作中，这句话蕴含的信息量则非常丰富。

首先，"不认识"此人，对日常的数据分析工作来说，数据分析师认识的只是密集的数字，而所有的数字源于陌生的"人"，这里的"人"指企业的用户。

对这句话进行更细致的信息挖掘，可以从中发现该"陌生人"的个人特征丰富且形象化。

穿着：休闲装

配饰：沉重的黑色电脑包

去向：张江软件园

状态：随性

年龄：<30岁

性别：男

预测职业：程序员

对所有的个人特征进行提炼后，可以发现本章开篇的一段简短语言蕴含的特征信息非常完整：从穿着、年龄、去向到人物性格和状态。根据这些展现在外的个人特质，可以对这名陌生人有了预测性的结论：他可能是个程序员。

本章开篇对这个程序员的日常特征描述，其实是在对他打标签，标签信息包括年龄30岁、性别男、工作场所张江软件园等。外在的特征表现属于这个"人"的属性标签，通过观察属性标签可以发现他的种种特征表现合乎程序员职业，所以最后为他打上预测性标签：职业为程序员。

至此，我们完成了一个简单且完整的用户画像分析，完整建立了基于这名陌生人在业务层面的简单标签体系。

10.1 用户画像分析的基础

1. 什么是用户画像

前面通过一个简单的生活场景案例生动形象地描述了"路人程序员"的多种外在特征，并将特征信息按一定的属性进行归类。根据信息归类后的结果，我们了解到他的年龄、性别，以及可能的职业。如果抛开他展露在外的这些个人特质，其实我们对他一无所知。

通过这个生活场景，可以看出用户画像的简单定义非常清晰，可以理解为在符合相关法律法规的情形下，通过收集用户信息，并对收集到的所有信息按一定的分类整理为各种用户标签，以便更加清楚地了解自身品牌的用户群体需求。

如果将用户画像置于企业管理中，则对于用户画像更加切合实际及专业的解释为，企业通过一定的技术手段对企业用户在与企业消费互动或者其他方式连接过程中所留下的各种特征痕迹（例如用户属性、消费习性、消费偏好、行为偏好、地理属性等信息）进行标签化（见图10-1）。

昨天购买过商品　──→　标签：消费频次——2次
前天购买过商品

图10-1

2. 用户画像的决策价值是什么

如果不对程序员做一系列的语言描述，则首先我们无法清楚地了解他，无法判断他的"需求";其次关于他是一名程序员的结论,没有前面的属性特征做"证据",此结论无说服力。

如果不了解这位陌生人的职业,则我们只能当他为陌生人;如果清楚了解到他的职业身份,那么我们有很多"事"可以做,下面列举几个常见的可能性场景。

(1)如果我是销售键盘、鼠标的人,当了解到他可能是一名程序员时,那么我可以尝试向他推销键盘、鼠标。

(2)如果我是做程序员相关内容的自媒体人,当了解到他可能是一名程序员时,那么我可以上前和他交流某些知识点,并引导他成为我的公众号的粉丝。

(3)如果我是一名销售职场商务背包的人,当了解到他可能是一名程序员时,那么我可以尝试向他推销商务背包。

通过上述假设场景的描述,当发现他是一名程序员以后,我们有很多"内容"可以做。先了解他是什么人,再决定做什么的过程用更专业的术语来表达,即实现精准营销。如果不知道他的职业,那么上述假设场景只能采取"盲推"的策略,没有任何的精准性。

切换到企业的视角,用户画像的直接业务目标是精准性营销。对于互联网企业,所有的业务交易都在虚拟的网络中,无法让人直观地看到交易的"人",所以企业的产品或者服务,实际上面向哪些人群是非常模糊的。如果要对企业的业务进行拓展,则应该寻找具有哪些行为特征的人。如果对企业的用户没有大致的了解,则这些工作很难实现。

对零售企业而言,品牌创立的时间较长,沉淀多年的数据需要被利用,否则无任何意义。零售企业在新用户拓展方面所面临的问题与互联网企业相同,零售企业正常年度营销活动非常多,当其面对数百万甚至数亿个会员时,营销不够精准会带来高昂的营销成本。本书介绍的另一个分析模型 **RFM** 可以解决部分精准性问题,但由于模型本身维度较少,具有一定的局限性。如果将企业用户全部分类打标签,则一个用户会有数十种或者上百种标签,他适配的营销活动将更加丰富。

综上所述,用户画像分析无论是对互联网企业,还是对零售企业,都具有无比重要的营销价值。

3. 用户画像的标签类型有哪些

通常来说，用户画像可以分为 3 种类型（见图 10-2）。

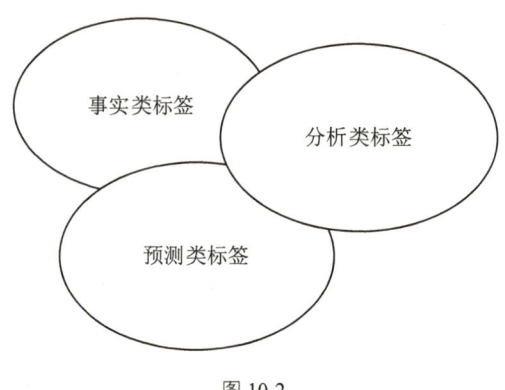

图 10-2

（1）事实类标签：这类标签非常普遍，但这类标签信息的收集需要遵循《中华人民共和国个人信息保护法》的规定，必须采用一定的技术手段进行"去标识化"，从而在合规的前提下更好地发挥价值。具体标签，例如本章开篇举例的程序员的年龄、性别、去向。如果有更多的信息，则可以对其学历、家庭背景、所学专业、是否购房等进行更多维度的标签分类。总体而言，事实类标签指不会随着外部环境及各种因素的改变而发生变化的属性特征。

（2）分析类标签：这类标签无法通过直接的属性特征获取，需要基于一定的数据分析方法获得。例如，本章开篇举例的程序员，他的居住场所离办公场所的距离信息获取较为困难，所以无法了解他每天的具体路程。但如果可以获取该程序员工作日上午的离家时间及到达公司后上班打卡的时间记录，那么我们可以通过数据分析手段进行时间和距离的换算，最终计算结果对应的标签为上班距离，该标签属于分析类标签。总体而言，分析类标签指无法直观获取的信息，需要借助一定的数据分析手段获取的结果标签。

相对而言，该类标签在企业中较为常见，例如，到店次数、消费频次、商品价位偏好等。在多数情况下，分析类标签最终会根据标签不同的业务维度进行更细颗粒度的标签分类。

（3）预测类标签：这类标签也叫机器学习类标签，例如，本章开篇举例的程序员，我们通过年龄、性别、穿着等外在特征推断出他可能的职业工种是程序员，职业工种在此案例中属于简单预测类标签，如果没有其他的特征依据，则此结论无从得知。此场景属于简单生活场景，实际工作中的预测方式会更加严谨，需要借助一定的预测算法实现，例如预测某位用户是否复购，或者预测用户是否流失。

用户画像的标签类型总体可分为上述 3 种，在实际工作中每家企业会根据自身业务需求对各标签类型进行细分，所以上述分类非统一性分类标准。

4. 零售业为什么要做用户画像分析

在上述讲解用户画像的决策价值的内容中，对零售企业为何需要做用户画像分析已经提及部分内容，其本质的商业目标是更加深入了解用户的需求，然后为他们提供需要的产品或者服务。

零售企业的业务模式是 2C，早期多数零售品牌采取经销代理的业务模式，近年来随着大数据概念的兴起，各行各业开始倡导数字化转型，对"数据"的需求越来越深入，各大品牌也逐渐收复线上运营代理权，纷纷转向直接面向消费者的交易方式，新零售和私域运营相继站上"风口"。在这种混合的商业模式下，零售企业更加有必要全方位了解自己的用户，以便优化企业自身商品、投放渠道及经营方式等。

10.2 案例：用户画像分析商业化运营怎么做

通过 10.1 节对用户画像相关基础，包括其定义、类型分类及商业价值的介绍，读者可以对用户画像有更深入的理解。其实，用户画像分析适用的业务场景主要是精准营销，从标签的结果数据来看，用户标签有助于决策者进行业务洞察，因为标签本身是数据分析的结果，例如，分析类标签和预测类标签，它的结果可以直接反映业务现象问题。

用户画像分析属于系统工程，它区别于本书其他的分析模型，它的建设需要投入大量的资源、人力，整套系统建设的完整细节无法在本章展开细述。接下来的内容主要侧重讲解用户画像分析的实现难点及决策应用思路。

10.2.1 模型适用的零售业务场景及实现难点

1. 用户画像分析的目标

零售企业做用户画像分析，通常基于以下两个目标。

（1）营销目标。

基于营销目标的用户画像分析比较容易理解，一般指为每一位用户打标签，将用户的行为特征进行标准量化。企业在选取营销活动人群时，可以通过标签组合的方式找到当次营销活动所需要的属性人群。因为标签维度够丰富及颗粒度够细分，营销活动可以找到最细颗粒度需求的人群，以实现营销的精准性。

（2）全渠道、全域的管理目标。

目前，零售行业倡导的是企业针对全渠道、全域实行统一的用户管理，本质目标是将用户 360 度的行为数据糅合到一起，借助大数据分析的手段帮助企业更加了解用户，进而更好地优化品牌内部的商品结构及服务。

管理是为了更好地将用户留住，留住用户的最终目标是变现。

2. 零售企业用户画像分析的难点

用户画像系统如何建设，从严格意义上来说是一项难度与复杂度并存的业务、数据双向系统工程。实现用户画像分析要先做业务工程，后做数据工程。业务工程，可以被简单理解为如何做出有用的标签类别，以及如何将结果标签灵活应用于业务决策中。而数据工程主要针对如何实现标签结果的数据处理技术。

总体而言，零售企业建设用户画像系统的主要难点如下。

（1）数据来源多样化，导致数据质量不高。

零售企业有大量的业务操作系统，包括 ERP、WMS、POS、采购供应系统、生产计划系统等。用户画像分析是对企业用户的所有数据打标签。首先，用户不同维度的数据被分散在不同的业务系统中，每个系统相互独立不相通，导致用户数据无法收集完整；其次，由于系统分散导致系统数据涉及的业务部门众多，操作角色多且分散，数据的质量受到严重挑战。

（2）早期业务模式单一，导致可用数据维度不足。

多数零售企业采用业务模式是经销代理的模式，企业自身只专注生产和经销商管理，他们并不直接面向 C 端用户。但零售的本质是将商品销售给 C 端用户，所以中间具有一定的信息差。信息差造就数据差，使得企业很难真实了解自身品牌的用户信息，所以可以分析的用户数据维度并不多。

后期零售企业进军各大电商平台后，又因为品牌的专注度及电商运营的非专业性问题，将线上运营权让渡给第三方，最终使得线上业务获取的用户数据相比握有运营权的第三方仍然偏少。

上述难点主要针对底层数据问题，用户画像分析最终服务于业务，所以整个系统建设无法脱离业务。部分零售企业如果业务线较为繁杂，则整个用户画像系统将面临双重挑战。如果最终标签结果无法落地应用，那么底层数据质量再好，用户画像分析也没有意义。如果底层数据质量不好，那么最终的标签结果缺乏可信度，落地应用更无从谈起。所以，用户画像分析是一项非常复杂的系统工程，多数企业还处于摸索迭代的阶段。

用户画像分析的实现问题是一大难点，实现后的标签结果应用也是一大难题。实现过程需要根据不同企业的业务情况和数据情况进行综合评估。本书的主要内容在于讲解各分析模型的决策应用，所以接下来用一个案例详细介绍从企业业务分析到分类标签确定，以及最终用户画像标签应用的完整链路。

10.2.2 案例：快过节了，购物中心如何促活（用户运营）

Z 购物中心是某城市的一家名品购物中心，整个购物中心有将近 200 个品牌销售门店，多数商品属于奢侈品。因为奢侈品的销售单价高，所以整个购物中心面向的消费群体也属于高消费群体。

购物中心自开业以来沉淀了近 50 万名会员，因为购物中心在会员管理上的落后，50 万名会员里有三分之二都处于休眠状态，甚至是流失会员。购物中心各商户的业绩常年平平无奇，各商铺都反馈过流量匮乏的问题。作为商场的管理员确实有义务帮助入驻的商家提升客流量，但其面临的管理问题众多，目前对如何提升购物中心的客流量一筹莫展。

1. 业务问题分析

对日常消费功能需求，线下商场或者门店的竞争对手除了周边同类竞品，线上所有门店严格意义来说都属于它的竞品，所以购物中心拓展新生流量具有一定难度,更加便捷、高效的提升业绩的方式是盘活已有的50万名会员。

当然,会员盘活的举措解决的是一次性的问题,购物中心本质上需要一套完整的会员权益体系来支撑日常的会员运营。

完整的会员权益体系解决方案不在本书介绍范围之内,我们以解决单次业绩提升为目标。目前购物中心需要做的会员盘活举措需要轻量版的用户标签体系。

下面思考一个问题:什么是轻量版的用户标签体系?

企业完整的用户标签体系属于用户画像系统建设内容,属于系统性工程,耗时长、投入大,无法快速完成以支撑目前的会员盘活方案,所以需要缩小数据范围和标签数量,仅以实现本次营销活动为目标选取合适的标签人群。

2. 数据分析思路

回到本案例,首先了解购物中心的各大商户,如表10-1所示。

表10-1 (部分样例)

商户编码	商户名称
1111	大秦小宴
1112	蔚来汽车
1113	希尔顿酒店
1114	凯蒂优果
1115	安洁利
1116	颂拓
1117	西贝
1118	海底捞
1119	MIMO
1120	灰姑娘

购物中心商户覆盖品类丰富,包括鞋包、服饰、饮品、餐饮酒店、美甲等,购物中心中的商户有近200个,上述列表为部分样例。

购物中心的主要数据基本集中在会员卡中留下的基本属性信息和销售小票。从用户画像建设的数据完整性而言,购物中心中的数据非常有限,所以目前的用户标签只能基于销售小票进行展开。

根据购物中心的部分数据,对购物中心的用户标签归类总结,如图10-3所示。

注：这里的用户标签内容并不完整，仅供案例讲解使用。标签涉及的消费者所有信息收集及使用需要遵循《中华人民共和国个人信息保护法》的规定。

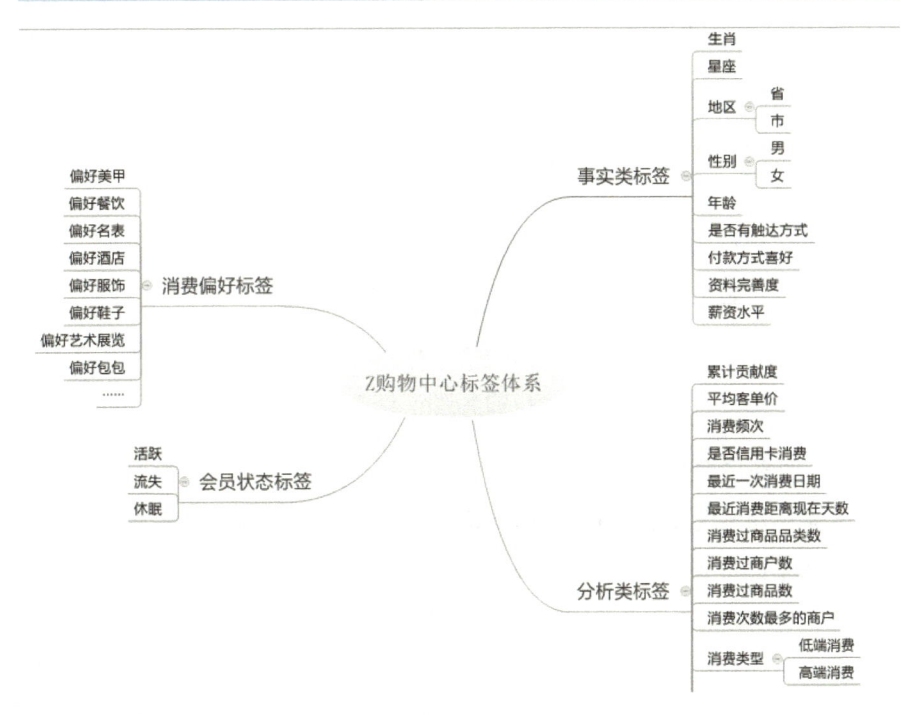

图 10-3

3. 思维导图结果标签说明

对购物中心数据提炼后划分出 4 类标签。

（1）会员状态类标签：此类标签为人群过滤条件标签，所以单独划为一类，属于必需标签。

（2）消费偏好类标签：此类标签的主要业务目标为描述购物中心的会员对商户类型的消费偏好。单独分类主要基于购物中心商铺类型繁多，不同的商铺提供不同的商品及服务，通过此标签可以发现用户的常规需求和潜在需求。

（3）分析类标签：主要基于会员消费行为数据进行数据分析后的结果标签，这类标签可以根据营销需求划分出不同颗粒度的标签。针对购物中心的分析类标签包括但不限于此。

（4）事实类标签：前面介绍用户画像标签类型时对事实类标签有过简要介

绍。该类标签为会员基础属性信息，基础属性信息可以作为了解用户的特征基础。例如，通过用户的职业和薪资水平标签，可以了解到用户实际的购买力；用户的年龄概况决定该用户未来潜在的消费需求；是否有触达方式决定购物中心是否可以将活动信息及时触达到用户。所有的类别标签都具有一定的业务意义，不具有业务意义的标签不应该浪费数据处理资源。

标签的明细颗粒度需要结合业务需求目标，冗余的标签无任何意义，标签颗粒度不够会影响决策。

划分出用户标签后，需要进行技术实现，技术实现的过程此处略过，标签实现之后的主要工作在于如何利用这它们做更精细化的用户运营。

关于标签的技术实现，市面上很多数据产品都具有标签实现功能，没有标签实现能力的企业可以借助数据产品实现。

4．业务决策应用

目前的决策问题：该购物中心如何借助上述的标签结果进行用户促活？

情人节即将来临，所有的购物商场开始着手准备情人节的活动设计。对 Z 购物中心而言，情人节属于有利的会员促活时机，Z 购物中心具有一定的优势。Z 购物中心涵盖的商品品类和服务品种非常丰富，一对情侣在 Z 购物中心可以实现艺术欣赏、看车展、美甲、吃饭、住宿及休息一条龙消费，而且购物中心的西餐厅口碑不错。

确定以情人节作为促活节日后，接下来的工作在于选取合适的会员人群进行活动推送及制定相应的活动优惠。

关于人群选取，依照前面 Z 购物中心的标签划分结果进行以下圈选步骤。

（1）选择最近 30 天里有"无消费"的标签，标签值选"没有来过"。将该标签作为首选标签是为了找到需要促活的人群，最近 30 天有过消费的用户不作为促活目标人群。

（2）选择消费偏好类标签，找到偏好为购物中心各商户类型，例如餐厅、酒店、饮品店等。最优的方式是对这些商户类型做更细颗粒度的数据分析，喜欢消费哪些餐厅、常点的菜品有哪些等。选择该标签的考虑点在于每个人的口味及喜好有一定的区别，促活的最佳举措是推送用户最有需求的商品或者服务，效果最好。

（3）选择分析类标签的消费类型，对第三层标签条件过滤出来的人群再次分类，该标签可以识别用户的不同消费习惯及消费能力，例如一贯进行一般水平消费的用户，如果向他推送过高价格的商品，则效果可能不佳。

标签过滤到第四层可以停止或者进行更细分的标签选择，对标签结果人群需要深入琢磨他们的喜好和需求，然后制定相应的运营策略。

对标签过滤的应用思路总结为如图10-4所示。

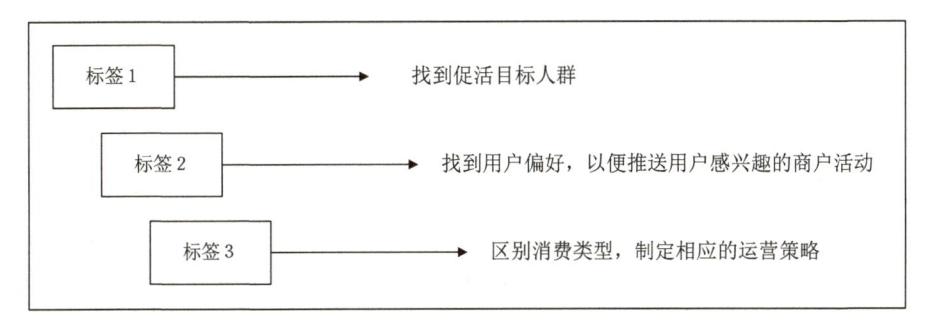

```
标签1  ──────→  找到促活目标人群

标签2  ──────→  找到用户偏好，以便推送用户感兴趣的商户活动

标签3  ──────→  区别消费类型，制定相应的运营策略
```

图 10-4

关于Z购物中心借助用户画像分析进行会员盘活的思路介绍于此。本案例讲解仅供参考，不作为实际操作的依据。Z购物中心因为长期管理不足，会员盘活具有相当大的难度，最有需求的应该是整体性的数据运营解决方案，同时因其数据维度不够丰富，所以用户画像标签可以解决的经营问题较为有限。

5. 案例小结

本案例详细地介绍了纯线下零售企业用户画像分析标签的分类过程、营销决策中标签选择的前后顺序，以及相应的业务逻辑思考的完整思路，属于数据运营的范畴。案例中的思维导图标签结果只基于购物中心的部分数据，现实中的标签数量可能高达数百个，甚至上千个，可以分出多少标签在于管理者的决策思维。

本案例介绍的完整标签应用思路及业务逻辑思考，同样适用于新零售的业务应用，在不同的营销目标下，标签选择具有不同的过滤方式。

需要注意的是，轻量型的用户标签只能解决有限的问题，发挥有限的商业价值。在实际工作中，如果企业资源和实现时间充裕，则优先选择整体性的解决方案。整体性的解决方案不限于用户画像分析模块，还需要包括其他影响到数据发挥最终营销价值的内容。

10.3 用户画像分析模型的实现

前面的案例基本介绍了用户画像在业务层面的操作及它的结果应用，接下来主要介绍底层如何实现标签分类结果。

前面内容提及无论针对业务层面或者底层数据而言，用户画像都属于一项系统性工程。案例的讲解属于浓缩后的结果，所以通过案例阅读无法感知用户画像分析在业务层面的工作复杂度。对于底层数据，数据被分散在不同的源头系统中，也被分散在不同的数据库或者表中，所以总体数据实现的工作从源头开始就较为复杂。

目前，简单实现用户画像分析的主要工具如下。

（1）数据库实现：部分企业使用传统数据库，部分企业使用大数据平台，传统数据库的代码操作较为简单，对用户的 SQL 语言掌握程度要求较高，而在大数据平台上实现用户画像相对复杂很多。一般的大数据平台会涉及大量复杂的大数据组件，例如 Hive、Sprk、Hbase、Airflow、MySQL 等，一串工作流执行下来需要涉及多个组件应用。用户标签开发对数据开发工程师的技术要求较高，但部分预测类标签需要借助其他分析工具。

（2）Python 实现：Python 可以直连数据库，并将数据从数据库中进行抽取做相关的数据处理、加工。在数据处理方面，Python 的计算性能优于数据库，所以借助 Python 实现需要用户具有一定的编程能力。

如果只是进行轻量的用户画像分析，那么用 Excel 及一些 BI 工具也可以实现。区别在于，用数据库及 Python 实现的是系统工程，用其余工具实现的是画像分析结果。

多数人对 Excel 较为熟悉，如果使用 Excel 做用户画像分析，那么整体过程与绘制饼图、柱状图的过程类似。同样是对数据先进行简单处理，然后进行分类，在分类结果数据上做可视化展现。

用户画像分析的简单实现

接下来我们以数据库实现为例，简单介绍一下实现的思路。

用户标签种类繁多，我们以实现用户消费频次、消费金额、购买最多的商户 3 个标签分类为例。

（1）创建表。

这里依然以本章案例中的购物中心为例，实现轻量型用户标签体系。

创建标签会员表，会员表格式如表10-2所示。

表10-2

会员ID	消费频次	消费金额	购买最多的商户	更新时间	更新人

字段说明

①会员ID：必须字段，所有的标签类别都是根据会员ID作为标识的。

②3个标签类别：消费频次、消费金额、购买最多的商户。

③更新时间和更新人：标签信息容易出错，更新时间是跟踪标签表最后一次更新的依据，更新人为责任人。

数据库创建表相关语法如下：

- Create table

（2）计算消费频次。

消费频次可以通过购物中心的销售小票数据表计算，正常销售小票可以获取到的数据维度如表10-3所示。

表10-3

序号	交易流水号	商户类型	商户名	会员ID	消费品名	消费数量	单价	金额	折扣金额	支付方式	交易日期
1	C001	餐饮	大秦小宴	111122	关中凉皮	1	38	38	0	微信	2021/1/3
2	C001	餐饮	大秦小宴	111122	秦椒炒牛柳	1	68	68	0	微信	2021/1/3

在正常情况下，消费频次计算按交易日期计算，如果一位用户在一天中多次消费，则频次计为1。

数据库计算消费频次相关语法如下：

- Count（distinct 交易日期）

计算出消费频次结果后需要更新到会员标签表，相关语法如下：

- Update

（3）计算消费金额。

消费金额计算公式较为清晰，直接按会员ID将所有交易日期的消费金额汇总即可。

数据库计算消费金额相关语法如下：

- Sum（消费金额）

计算出消费金额结果后需要更新到会员标签表中，相关语法如下：

- Update

（4）计算用户购买最多的商户。

计算逻辑：可以先按用户统计出每家商户的购买次数，然后再从中找到购买最多的商户。

数据库计算用户购买最多的商户相关语法如下：

- Count（distinct 交易日期）：统计商户购买次数
- Max（商户购买次数）：找到购买最多的商户

计算出购买最多的商户结果后更新到会员标签表中，相关语法如下：

- Update

以上为实现 3 个指标计算的数据库实现逻辑，相关计算涉及的关键语法已经给出，其他的分类标签可以沿着上述的操作思路逐一更新。

需要注意的是，这里的实现过程较为简单，复杂的系统工程无法展开细述，正常情况下，完成一个完整的用户画像项目需要耗时数月。这里使用到的数据库相关知识需要提前掌握。虽然用户画像系统实现很困难，但更复杂及不可控的内容一定是在业务层面。

10.4 本章小结

用户画像分析在企业落地属于系统建设工程，对于相关内容本书无法展开细述。对于用户画像分析的核心内容，本书基本都进行了简要的介绍，例如，用户画像分析相关方法论、它的商业应用价值、常用标签的分类、零售企业实现的难点。本章借助一个案例介绍了用户画像分析从确定标签到标签决策应用的完整思路，最后介绍了数据库的简单实现过程。总结起来分为 3 个要点：用户画像是什么；能做什么；如何实现。

用户画像分析的主要应用场景为精准营销，所有本章只举了一个营销案例。

案例的核心在于当企业数据维度不足，数据不完整但企业急需解决营销问题时，让企业可以采取轻量型用户标签体系实现，通过 Z 购物中心的标签结果也可以了解到零售企业通用的部分用户标签。

用户画像分析覆盖的业务内容和底层数据知识非常广泛，本章为了帮助读者理解完整的解决问题和应用思路，将每一个环节进行压缩描述，所以不能作为最终实际工作的执行依据。用户画像标签的最终应用属于所有企业面临的一大难题，解决业务层面的问题可以忽略投入成本，将标签分到最细颗粒度解决，但业务决策应用问题取决于使用方的数据运营能力。

希望本案例可以帮助读者对于基于用户画像的数据运营有更深入的理解和思考。最后友善提醒，用户画像涉及消费者的很多个人信息，有些属于隐私数据，做用户画像分析前请先仔细阅读《中华人民共和国个人信息保护法》。

第3篇
零售企业全域数据运营高阶应用

零售行业都在谈全域运营、私域运营,这也是行业发展的必然趋势,它比传统的业务运营更为复杂,在复杂的业务中也产生了更为庞大的经营数据。为了不浪费这些"数据",让它发挥出应有的商业价值,数据分析成为一项不得不做的工作,它将成为企业经营决策的一把重要利器。

本篇选取阿里巴巴公司中使用的3个比较实用的模型:AIPL、GROW和FAST。这些属于思维应用模型,它们的落地成效需要结合前面两篇介绍的所有数据分析模型,因为单一的数据分析模型只解决单一的业务问题,合并在一起才能释放最大的商业效力。

前面的数据分析模型独立成章不具有系统性,本篇正好解决这一问题。本书最终呈现的不是项目的系统性,而是数据分析模型应用的系统性。数据分析模型如何帮助业务决策,如何将它灵活用于各种业务场景是数据分析及数据运营人员最大的壁垒,所以从第1篇到最后1篇逐层递进,渐成学习系统。

第11章 帮助企业生存扎根：AIPL消费全链路模型

某天，朋友推荐了一个售卖营养品的小程序商城，出于好奇心，我登录小程序商城里浏览商品详情。小程序商城的营养品种类很丰富，浏览几个页面后我对这家店整体的商品内容及商品价值点有了整体的印象，最后临时有事退出小程序。

一两天后，在上班路上乘坐地铁略感无聊，于是想起前两天登录的卖营养品的小程序商城，再次打开微信登录。之前听闻抗氧化的营养品有助于美容养颜，所以此次专门点开抗氧化的商品板块仔细浏览。发现该商城的商品价格略高于市场平均价格，是否购买还需再斟酌，于是点击"收藏"，关闭页面退出小程序。

三天后，向我推荐小程序的朋友说她也想购买抗氧化的营养品，目前小程序商城有拼团活动，所以她想邀请我一起拼团。接收到信息后，我心想拼团的主意不错，于是登录小程序发现我想买的商品的活动价格确实略低于平时价格，在心理预期之内，于是我和她拼团下单。

两个月后，感觉买回的商品功效不错，于是我时常关注该小程序商城，并在后期有几次复购，自此成为它们的老用户。

随着时间的推移，不知不觉营养品越买越多，某一天我开始对我如何成为这家商城的复购老用户进行发展历程复盘，结果如图11-1所示。

```
听说品牌 → 登录品牌小程序，浏览商品 → 想买，发现价格高只点击收藏
                                              ↓
多次复购 ← 听说有拼团活动，下单
```

图 11-1

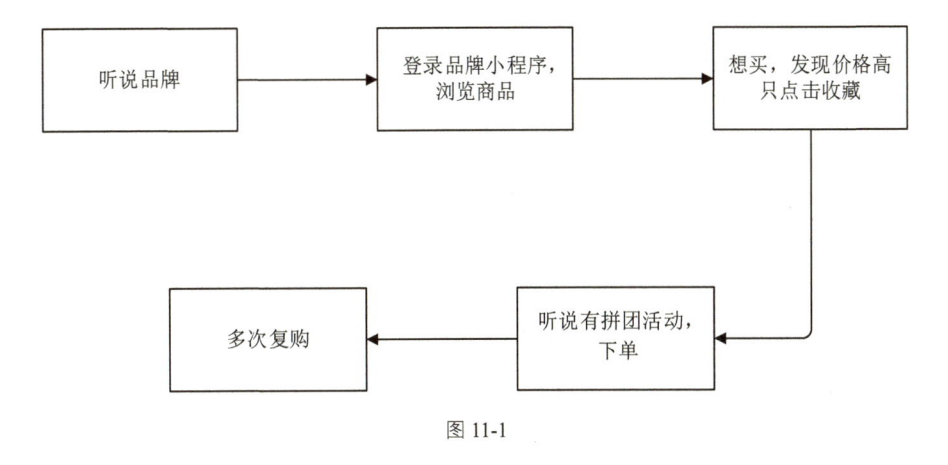

从图 11-1 总结的转化路径中，可以清晰看出我的消费旅程，中间经历了听说品牌、了解品牌、对品牌产生兴趣、下单购买到最后多次复购，我好像"走"在一条完整有秩序的消费链路中，这个链路属于商家和我都不了解的"套路"。

基于复盘后的结果，我开始思考一个问题：我是否真的掉入看不见的"套路"中？

11.1 AIPL模型的逻辑原理

本章开篇介绍的本人个人经历详细描述了我层层递进购买营养品的消费旅程，复盘后发现自己掉入看不见的"套路"（此"套路"非贬义词，作为既定路径的代名词）。如果将此生活场景置于数据分析与数据运营的工作中，则我掉入的"套路"指消费转化路径。从听说品牌到最后变成品牌的忠诚拥护者，其中几个关键的消费转折点如下。

（1）听说品牌小程序，进行浏览。

（2）多次登录小程序浏览商品，且点击"收藏"。

（3）朋友邀请参与拼团，并最终下单购买。

（4）拼团后多次复购。

将上述关键消费转折点进行归类，结果如图 11-2 所示。

```
1. 认知  →  2. 兴趣  →  3. 购买  →  4. 忠诚
```

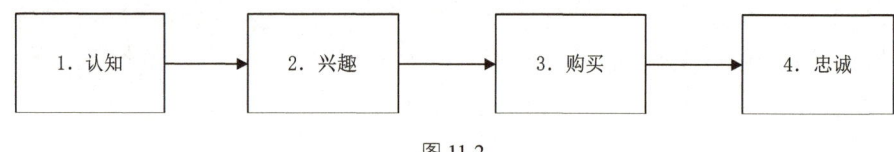

图 11-2

上述归类结果为本章主要内容：AIPL 消费者链路模型，我购买营养品经历的消费路径就是 AIPL 模型的简要原理。

A（Awareness，认知）：对应以上消费转折点的第 1 项，认知指对品牌有基础的认识，了解品牌的渠道可以是广告、社交媒体，以及自媒体等，或者通过其他人的口碑传播。

I（Interest，兴趣）：对应以上消费转折点的第 2 项，兴趣指用户对品牌有一定的购买倾向性。但如何衡量购买倾向性？如果线上业务比较简单，那么用户搜索过该品牌的相关产品，或者参与一定的社交互动，如文章点赞、转发等行为，或者加过购物车、点击收藏的行为都算。如果针对零售企业的纯线下业务，则需要梳理清楚模型的开始和结束，然后从模型开始的动作节点往前深入分析其行为特征再进行定义。

P（Purchase，购买）：对应以上消费转折点的第 3 项，购买比较容易理解，指用户购买产品，基础购买次数为 1 次。

L（Loyalty，忠诚）：对应以上消费转折点的第 4 项，忠诚指用户成为品牌长久的消费者，对忠诚用户的定义在企业用户生命周期划分或者会员权益体系搭建的时候都会考虑。不同企业会有不同的标准，当一个用户达到其定义标准时可以称为忠诚用户。

将我购买营养品的消费经历与 A、I、P、L 这 4 个指标的释义相结合，可以让读者对 AIPL 模型有更具象的认识。总体而言，AIPL 模型主要是对用户从认识品牌开始至最终成为品牌的忠诚用户的 4 个消费转化路径节点做分类。

1. AIPL 模型与用户生命周期的关系

从 AIPL 模型具体的内容看，它类似企业的用户生命周期定义，所以它与用户生命周期有何区别？

用户生命周期指一个用户于企业而言，从他开始接触企业到逐渐不再与企业发生交易关系的发展历程，他经历的几个主要阶段为：导入期、成长期、成熟期、休眠期、衰退期和流失期。关于用户生命周期的具体定义及分类，每家企业会根据企业自身特点进行部分调整，最终划分出的类别不一定是上述描述的标准化周期。

从 AIPL 模型与用户生命周期定义看，两者不仅具有相似点，也存在一定差异。

- 统计起点不同：用户生命周期是从用户成为企业用户，即发生交易关系之后开始统计的；AIPL 模型是从用户开始认识品牌、了解品牌开始统计的。
- 描述的完整路径不同：用户生命周期针对的是在销售贡献中用户从发展到衰退的消费发展旅程；而 AIPL 模型针对的是用户从认知转化到成为企业忠诚用户的消费转化旅程。
- 两者具有交集：AIPL 中的 P、L 是在用户成为品牌用户之后的发展阶段，这两个阶段和用户生命周期的发展阶段是重合的。
- 业务目标一致：不管是用户生命周期还是 AIPL 模型，两者实现的业务目标都为品牌用户运营。

2. AIPL 模型在国内的应用

我在国内看到 AIPL 模型较早的应用是在阿里数据银行产品。阿里数据银行是将阿里系网站内外的广告、渠道及销售购买数据融合到一起，从品牌广告曝光开始统计用户行为数据，直至购买成交，将用户完整的消费转化路径进行完整呈现。其将用户完整的消费路径拆分成 4 个不同的消费生命周期供阿里系的天猫商家进行品牌用户运营。

一般情况下，企业运营的对象为已经消费的用户，在做品牌新用户拓展时，假设广告的曝光量为 50 万次，最终购买转化人数为 1 万人，剩余 49 万人未转化的原因无从得知。在这种广告效果下的拓客业务，品牌商由主动转为被动。

所以，AIPL 模型的主要作用是帮助品牌商了解自己"潜在转化用户"的前面是用户生命周期转化情况，对品牌所有已转化及未转化的用户进行不同的生命周期识别，从用户认识品牌开始，到用户成为品牌忠诚用户结束，品牌商可以通过 AIPL 模型的分析了解处于各消费阶段的人群规模及人群相应的行为特征，以便品牌商可以针对处于不同消费阶段的人群做促销运营策略。对于上述广告投放的案例中未转化的 49 万人，可以借助 AIPL 模型进行更为详细的跟踪。

下面思考一个问题：如果将 AIPL 模型从阿里数据银行产品中剥离出来，它能否适用于其他企业？

基于这个问题，首先需要了解 AIPL 模型的核心在于模型 4 个阶段的分类逻辑。4 个指标表示 4 个用户不同的消费生命周期，购买和忠诚的统计逻辑较为简单，认知与兴趣两个阶段的分类逻辑较为复杂。其复杂之处在于用户的部分行为看似属于品牌兴趣，它同时属于品牌认知。例如，一个用户的行为动作只到浏览页面，该用户应该属于品牌认知还是品牌兴趣？把各阶段具体的分类逻辑规则确定后，AIPL 模型适用于所有需要做消费者洞察的企业。

要让 AIPL 模型发挥价值需要庞大的数据维度来做支撑，阿里生态的数据体量是其他企业无法比拟的，所以其他企业使用该模型面临的主要问题不是模型用不了，而是数据是否相对完整，数据量是否足够。

3. 零售业为什么要做 AIPL 分析

AIPL 模型适用于需要进行消费者洞察的企业。零售行业的交易本质是将商品卖给个人消费者，为了品牌更好地发展，零售企业需要有更好的消费者洞察方式，挖掘消费者的个性化需求，从而提升自己的商品价值或者服务能力。

目前，纯线下零售模式几乎不存在于零售行业，多数企业属于混合式业务模式：线下＋线上，线上又可再被划分为公域与私域。在多种商业模式混合下的业务经营中，企业考虑业绩增长时需要从全局角度出发。而随着市场竞争的日益激烈，获取新用户日益艰难，其中所需付出的代价可能是互联网流量红利时期的几倍甚至数十倍，所以，目前企业更多地将运营视角放在老用户上。于品牌商而言，品牌认知＋品牌兴趣人群属于转化新用户，同时属于未转化老用户，所以通过 AIPL 模型，零售品牌商可以更好地了解并把握自己的可用"流量池"。

严格意义来说，AIPL 模型是对企业所有可运营的用户做消费生命周期的分类，模型应用的目标是让品牌商帮助消费者顺利走完完整的消费链路。如果只是消费者自己在消费路径中"自然"向前走，那么最终会产生的结果如图 11-3 所示。

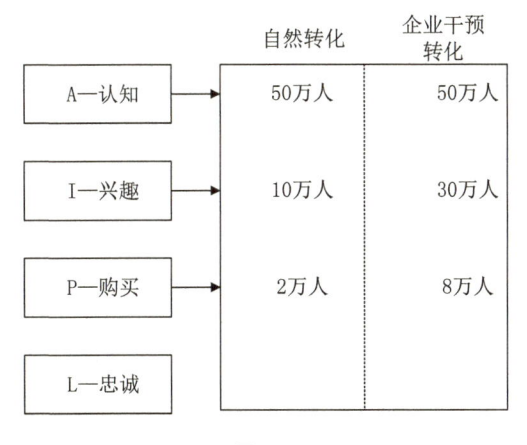

```
              自然转化    企业干预
                          转化
  ┌─────────┐
  │ A—认知  │──▶  50万人     50万人
  └─────────┘
  ┌─────────┐
  │ I—兴趣  │──▶  10万人     30万人
  └─────────┘
  ┌─────────┐
  │ P—购买  │──▶   2万人      8万人
  └─────────┘
  ┌─────────┐
  │ L—忠诚  │
  └─────────┘
```

图 11-3

通过用户自然转化与企业干预后的转化对比，可以发现单纯依靠用户自然转化，多数用户会在中途离开消费路径。一旦有用户离开，企业消费转化人群就会变少，最终企业业绩受损。所以，企业及时发现用户的消费生命周期状态可以帮助用户更加顺利进入下一个消费周期，转为企业的"用户"。

综上所述，AIPL 模型的决策价值可被归纳为帮助零售企业更好地做用户增长与更精细化的基于消费生命周期的用户运营，所以对于零售业而言，AIPL 模型是一个不错的营销利器。

11.2　两个案例：AIPL模型数据化决策怎么用

AIPL 模型并不复杂，属于用户分类模型，分类的"主体"为用户的消费生命周期，核心分析点在于确定出每一个周期阶段的分类标准。AIPL 模型主要适用于营销场景。

11.2.1　如何支持零售企业用户运营

下面思考一个问题：为何说 AIPL 模型可以支持用户运营？

如果将 AIPL 模型的每个阶段与用户完整的生命周期结合起来，则结果如图 11-4 所示。

```
| 认知 | 兴趣 |   | 购买 | 忠诚 |
```

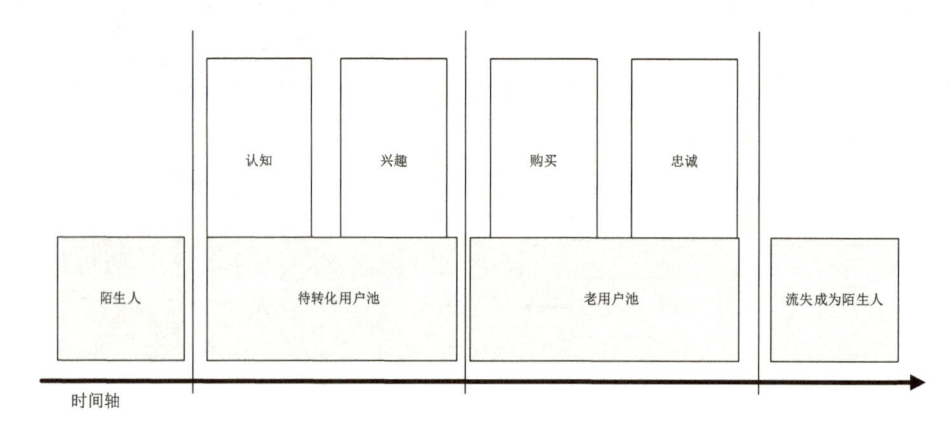

| 陌生人 | 待转化用户池 | 老用户池 | 流失成为陌生人 |

时间轴

图 11-4

从图 11-4 中可以发现，随着时间轴的发展，用户从陌生人进入企业待转化用户池，然后在某个契机下进入转化后的老用户池，再随着时间向前推移，最后流失成为陌生人。模型的 4 个消费阶段覆盖了一个用户完整的"一生"。模型再将待转化用户池细分出品牌的认知和兴趣两个阶段，将老用户池的用户细分出购买与忠诚两个阶段，4 个阶段对用户的"生命"而言都非常典型且关键。

要对 4 个阶段的用户进行精细化运营，需要了解为什么用户会进入该阶段，不同阶段的用户对于企业具有什么样的商业意义。

认知：用户首先对品牌的商品具有基础的认知，进入该阶段的用户可能被品牌投放于市场的广告或者品牌口碑相传而吸引。能够让用户进入该阶段，说明企业完成了真正获客前最关键的工作。此时用户进入品牌的第一个生命周期，于企业而言，这些用户如初生的婴儿，需要精心呵护让他们快速长大。

兴趣：进入兴趣阶段的用户，表示他平稳度过对品牌的认知阶段，且对品牌的消费情绪较为平稳，对品牌产生了较为浓厚的兴趣，但是对品牌尚未形成足够的信任，所以无法快速转化。此时的用户容易受客观环境影响，退回到认知阶段，未实际发生购买意味着这部分人群处于犹豫阶段，所以企业需要做的是给予他们足够的"诱惑"，促使他们继续往前走。

购买：该阶段属于核心的阶段，前面所有的铺垫都是希望用户能顺利迈入此阶段。需要注意的是，该阶段的用户在一定统计时间内容易退回到兴趣阶段，例如，由引流或者低价促销而被吸引来的用户可能只会完成一笔交易。企业最终的运营目标是让他们冲向下一个周期：忠诚，所以该阶段中企业提供的用户关怀和服务价值至关重要。

忠诚：AIPL 模型的最后一个生命周期，忠诚意味着该用户可持续性贡献 GMV。如果用户能遵循海盗模型的逻辑，则该阶段的用户有一定的概率为企业完成品牌的"病毒性传播"。对处于该阶段的用户要非常重视，对该阶段的用户管理可以根据本书第 6 章介绍的 RFM 模型做价值度分层管理，否则当用户离开 AIPL 模型的消费路径时，他将重新回到转化前的陌生人阶段。

通过上述对 AIPL 模型不同阶段的用户群体分析，为企业如何制定相应的营销运营策略提供了非常清晰的群体特征依据。

AIPL 模型相对来说更适用于零售企业的私域运营场景。除了私域运营，零售门店消费情景同样适用：可以将用户到店消费的完整消费情景按 AIPL 模型的消费链路进行拆解。对于这种情景，需要门店具有强大的数据采集能力与系统的高性能分析能力。

11.2.2 案例 1：如何解决品牌用户增长难的问题（私域运营）

回到本章开篇的案例场景：我与售卖营养品的小程序商城。

该营养品品牌的销售渠道其实不止小程序商城，其线上业务渠道还有各大电商平台的旗舰店、微信的社群；线下业务渠道主要是线下专营店。相比市场上其他企业，其新零售的生态圈相对完整。其私域业务属于后期发展的业务，目前运营效果并不理想。

首先，重新回顾一下我在此营养品的转化链路中的发展路径。

（1）听说品牌小程序商城，登录浏览——A

（2）多次登录小程序商城浏览商品且点击"收藏"——I

（3）朋友邀请参与拼团，下单——P

（4）拼团后多次复购——L

上述发展路径主要是基于我顺利走完整个链路的情况，在实际的场景中，当我处于 A、I、P、L 任何阶段时都可能出现另一种情形。

A：听朋友谈及品牌，登录小程序商城并浏览，浏览后感觉品牌不好，删除小程序。

I：我收藏商品之后无任何行动，最终遗忘小程序。

P：朋友邀请我参与拼团，我拒绝，最终遗忘小程序。

L：拼团成功之后不再复购，拼团价格属于低价促销，我不再花原价购买。

在实际工作中，第二种发展情形从概率分布而言不会只有一个人，会是群体行为。而在任何一个阶段，当中途离开的人群比例超过1%时，对品牌都属于收益损失事件。当中途离开的人群比例越来越高时，品牌将面临严重的用户增长挑战。

所以，如何利用AIPL模型的消费链路分析帮助品牌更好地做用户增长是本案例要解决的核心问题。

企业用户增长的待转化用户池包括品牌的认知与兴趣两个阶段，认知与兴趣同时决定后面两个消费阶段的人群规模，前面两个阶段关系企业能否继续生存，后面两个阶段关系当前状态企业能否生存。

AIPL模型的主要呈现形式是对人群分类，所以单次4个阶段的人群规模可以帮助企业了解可运营的用户量，制定相应运营策略。但单次人群结果无法帮助评估运营效果；评估运营效果的主要目的是运营复盘；运营复盘的目的是优化运营策略；运营复盘属于运营策略的最后一个关键环节，属于不可或缺的部分。

> 注意：小程序商城相关AIPL模型的数据需要靠专业的数据产品进行埋点采集而得，所以有需要者请提前了解数据埋点相关知识点。

1. AIPL模型里的数据分析

AIPL模型里数据分析干预的内容有以下两点。

（1）消费周期分段人群统计：该内容需要明确4个阶段的属性定义，以便数据产品可以采集相关数据并进行分类统计。

（2）AIPL模型纵向转化率分析与不同运营周期的横向人群的变化分析。

上述第1项内容不属于本章讲解范围，所以不展开细述。对于第2项内容，假设我们一个月前收集到如表11-1所示数据。

表 11-1

消费阶段	上月人群数量（人）
A	10000
I	8000
P	1000
L	500

计算上月的 A、I、P、L 纵向转化率如表 11-2 所示。

表 11-2

消费阶段	上月人群数量（人）	上月转化率
A	10000	1
I	8000	80.0%
P	1000	12.5%
L	500	50.0%

昨日重新获取数据如表 11-3 所示，口径与上个月一致。

表 11-3

消费阶段	本月人群数量（人）
A	12000
I	9000
P	800
L	400

计算本月 A、I、P、L 纵向转化率，如表 11-4 所示。

表 11-4

消费阶段	人群数量（人）	纵向转化率
A	12000	1
I	9000	75.0%
P	800	8.9%
L	400	50.0%

计算 A、I、P、L 横向迁移率，如表 11-5 所示。

表 11-5

消费阶段	上月人群数量（人）	本月人群数量（人）	横向迁移率
A	10000	12000	20%
I	8000	9000	13%
P	1000	800	-20%
L	500	400	-20%

通过上述对近两个月不同阶段人群的纵向转化率与横向迁移率的数据分析，发现本月各阶段的纵向转化率不如上月，横向迁移率也有较大的变动。

- A 类人群增加了 2000 人，横向迁移率为 20%。
- I 类人群增加了 1000 人，横向迁移率为 13%。
- P 类人群减少了 200 人，横向迁移率为 -20%。
- L 类人群减少了 100 人，横向迁移率为 -20%。

2．AIPL 模型结果解读

将横向迁移率的数据结果转换为业务现象。

- A 类人群：本月品牌认知人群规模有所扩大，环比增幅为 20%，业务表现为本月品牌宣传效果较好，品牌宣传主要在于广告投放，通过 A 类人群变化可以复盘本月的广告策略。

- I 类人群：本月品牌兴趣人群规模有所扩大，环比增幅为 13%，业务表现为本月部分具有互动性的营销活动取得不错的效果，同样说明 A 类人群的人群质量较为优质。

- P 类人群：本月品牌购买人群规模严重缩水，环比增幅为 -20%，即购买用户急剧减少，对此阶段人群可以通过交易成交数据做更详细的分析。如果是以某时间区间作为分类定义，则可以对流失用户做更详细的分析。总体来说，针对兴趣人群的刺激转化策略不够。

- L 类人群：本月品牌购买人群规模严重缩水，环比增幅为 -20%，忠诚用户不包括单次购买的用户，所以忠诚用户的人群规模量减少意味着为企业贡献高价值用户在减少。L 类人群的补充来源于 P 类人群，P 与 L 类人群都在减少于企业而言，整体购买用户池出现问题。

根据本月与上月 A、I、P、L 这 4 个阶段人群规模量的对比，总结为以下业务结论。

（1）本月品牌宣传到位，广告曝光度达标，A、I 类人群的横向迁移率较好，增幅是否达标需要做进一步 ROI 分析，"潜在转化人群"的用户增长效果不错。

（2）购买人群缩水较为严重，横向迁移率减少 20%，本月的促销转化策略需要复盘。"购买人群"的用户增长效果不佳。

（3）忠诚人群缩水严重，横向迁移率减少 20%，需要分析忠诚阶段定义是否合理，定义合理的前提下对这类人群需要引起高度重视。

上述通过 AIPL 模型将小程序用户增长效果不佳的业务问题拆解成两部分增长问题（见图 11-5）。

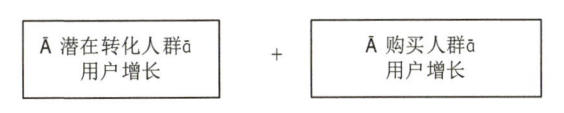

$$\boxed{\text{Δ 潜在转化人群 } \atop \text{用户增长}} + \boxed{\text{Δ 购买人群} \atop \text{用户增长}}$$

图 11-5

- 潜在转化人群：指有可能成为品牌消费用户的人群，消费路径转化的首要人群基础。
- 购买人群：指付费购买品牌商品的用户。

3. 决策应用思路

（1）潜在转化人群首先靠广告投放或者其他可以触达消费者的渠道触达。如果单指小程序，那么 A 类人群可能涵盖线下购买迁移至线上的用户。所以 A 类人群存在问题需要对品牌企业自身业务进行详细的剖析，进而做更详细的数据分析。

（2）购买人群的来源为 A、I 类人群。如果分类基于一定时间定义，那么购买人群同时涵盖从 L 类人群返流的人群。购买人群转化不佳同样需要对具体人群类别进行分析，然后制定相应的运营策略。

4. 案例小结

AIPL 模型脱离一个生态平台后，所有的分类定义标准及相关数据分析都需要由企业自行操作，所以实现一套完整的 AIPL 模型具有一定的业务复杂度，AIPL 模型涉及的数据分析，针对模型本身的部分非常简单，重要指标为纵向转化率及横向迁移率。跳出模型本身，数据分析具有更高的复杂度，它需要对每一个阶段的人群做更详细的特征分析，在这种情况下的数据分析工作与正常企业运营数据分析无异。

本案例旨在介绍 AIPL 模型在品牌零售商的私域运营场景中发挥的营销价值，重点介绍 AIPL 模型本身的数据分析过程，用户相关不同消费生命周期阶段的行为分析涉及较广，本书不再赘述。

通过本案例的介绍，希望读者对于 AIPL 模型的应用有更深入的理解，以及数据分析在模型中所能发挥的作用，希望读者都能将它灵活应用到营销决策中。

11.2.3　案例 2：如何高效达成本月销售业绩（线上 + 线下）

Y 公司主要经营美妆护肤品，于上海徐家汇某繁华社区开有美妆专营店。专营店总体销量较为稳定，主要消费对象为周边 5km 内的高档社区的职场白领专营店开业年限较长，所以积累有大量忠实的老用户。

店里一共有 5 个年轻的导购员，导购员平时除了在店内销售，也开展微信社群运营，带动线上销量。线上业务与线下业务双管齐下，每个导购员都有良好的业绩表现。

下面思考一个问题：当公司对该店下达更高销售指标时，在有限的时间内，业绩指标达成具有一定难度，该店长是否可以借助 AIPL 模型以加速业绩达成目标？

1. AIPL 模型解决思路

该店长想要借助 AIPL 模型帮助自己实现业绩目标，首要问题是如何将所有用户进行 A、I、P、L 这 4 个阶段的归类。

在线下场景，用户行为表现无法量化，同时不具有统一标准，而且行为表现有限，所以如何将用户的行为特征与 A、I、P、L 每个阶段的定义相结合属于一大难点。

针对该难点的解决要点在于，转换信息采集的思路和各消费阶段的定义。例如，将品牌认知定义为在店内做过相关咨询。导购人员观察部分用户在店里逗留的时长，达到一定时长标准后可以对该用户继续跟进，采取相关话术或者采取一定的策略添加用户为微信好友，添加好友后设置该用户的标签类别为 A 类。

上述场景下的店内停留时长为观察指标，时长标准为 A 类人群的定义阈值，最终 A 类人群的定义为在店内停留时长超过某一阈值的用户。

对线下的用户行为观察比较消耗时间，但是互动可以更加高效。当部分用户在店内停留时间较长又进行主动发问时，例如咨询导购员门店是否有赠送样品活动，或者是否有优惠社群可以参与，以便后期了解品牌优惠，对这类人群在成功添加微信好友后可以设置标签类别为 I 类。

上述人群定义仅供参考，可以有其他的划分规则，具体情况具体分析。

下面思考一个问题：为何导购员要想方设法将用户添加为微信好友？

添加用户为微信好友的主要原因有以下几点。

（1）导购员本身具备社群运营能力，且该业务已经在开展之中，所以添加更多的用户为微信属于社群运营的源泉。

（2）AIPL 模型服务的业务目标为营销，营销变现时需要具有能够触达用户的渠道，对于首次到店用户很难直接获取其手机号，所以添加为微信好友可以保证后续进行互动的触达以实现最终营销变现。

依照上述实现 A 类人群划分的思路，可以对 A、I 类都制定出相应的阶段定义和人群标签，以便可以完整收集到所有的 A 类及 I 类人群。对于剩余的 P 类和 L 类人群可以根据他们购买的行为指标进行标签更新或者设置标签，这两个阶段属于发生交易后的分类，人群获取和划分相对简单。

2．决策应用

当门店导购员对所有用户数据都遵照上述思路操作后，店长收集信息并进行数据汇总，将 A、I、P、L 这 4 个阶段的人群进行完整统计，结果如表 11-5 所示。

表 11-5

消费阶段	人群数量（人）
A	5000
I	3000
P	1000
L	600

3．提升业绩的运营思路

（1）首先拆出距离销售指标的空间，可以设为 X。

（2）对于 A 类和 I 类人群，按历史数据估算这两类人群可能的转化率。对各导购下达每类人群的转化率指标。

（3）P类指有购买过的用户，对于该类人群的挖掘潜力高于L类人群的挖掘潜力。该门店周边小区为高档小区，从房屋价值的角度评估小区业主的购买力属于高价值人群。针对购买频次不高的人群可以进行更深入的购买潜力挖掘，根据已有用户人群权重占比下达转化指标。

（4）L类人群属于老用户，对于此部分用户的主要管理策略为关怀与维系，更加关注该类人群的潜在增值需求，保证该类人群不返流，不流失。所以对该类人群可以进行购买潜力挖掘，但不应作为硬性业绩指标的面向人群。

在上述的解决方案中，需要店长对数据分析相关知识有较为深入的了解，部分指标属于简单计算，需要更精细计算的相关指标会涉及较复杂的商业测算。商业测试与AIPL模型本身无任何关系，有兴趣的读者可以自行思考，这里不再赘述。

如果店长将所有指标拆解下发后，发现简单的测算结果仍无法达成业绩，则接下来的重点工作是需要思考可以拓展新用户的业务，扩大A类人群，补充潜在转化用户池是当务之急。

4．案例小结

AIPL模型的原生应用属于线上营销，在深入理解它的逻辑原理和分析要领后，我们可以将它应用于新零售的场景中，尤其是私域运营，该模型属于有利的营销利器。

本案例通过介绍AIPL模型在美妆专营店线下+私域的业务场景中的应用帮助读者了解它的价值点。未来纯线下模式的零售企业几乎不存在，多数品牌企业采取的是混合式业务模式。全渠道即全域运营的模式，所以灵活采集与应用客户数据属于一项必备的数据分析能力。

在实践AIPL模型的过程中，对每个阶段的人群属性定义是一大难点，属于业务层面内容，它会随着不同的场景而发生较大的改变，这也是实际工作中需要注意的点。读者可以在案例1的知识基础上对它有更深入的思考及发现它更大的决策价值。

5．关于AIPL模型的实现

通过案例1与案例2的介绍，可以发现AIPL模型并不复杂。案例1介绍了AIPL模型中的数据分析，案例2介绍了AIPL模型在特殊场景下重新分类定义后的决策支持，将两个案例表达的内容相结合为模型最后的实现过程。

总体模型实现的思路及应用闭环总结为如图 11-6 所示。

图 11-6

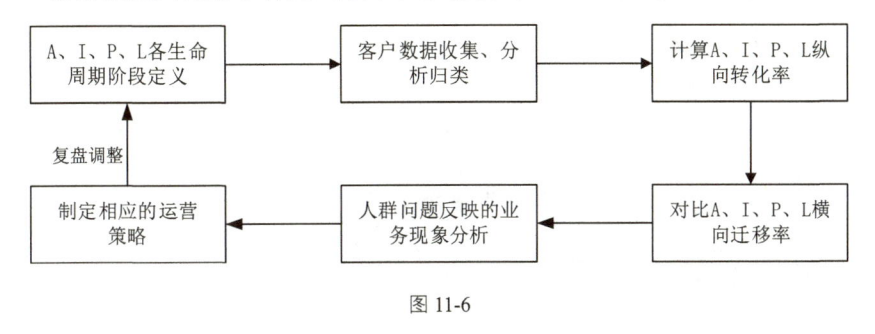

图 11-6 完整描述了 AIPL 模型的整个实现及应用过程，涉及的相关纵向转化率和横向迁移率可以参照案例 1 的分析及描述，所以本章不对 AIPL 模型的实现过程进行单独讲解。

11.3 本章小结

本章借助个人购买营养品的消费转化链路帮助读者理解 AIPL 模型的原理，介绍该模型如何支持用户运营，以及借助两个案例对 AIPL 模型的数据分析及如何支持营销业绩达成进行详细的介绍。AIPL 模型的纵向转化率及横向迁移率属于两个重要的运营指标，在业务层面对 A、I、P、L 这 4 个阶段的人群属性定义同样非常重要。

案例 1 与案例 2 从业务应用的角度分别讲述了品牌零售企业的两个重要场景（私域和全域）的运营决策。AIPL 模型能够在阿里的生态平台发挥价值，它在创新性营销决策中具有不可撼动的地位。希望通过两个案例，以及它如何支持用户运营的介绍可以帮助读者深入理解 AIPL 模型的决策价值。

从公域运营走向私域运营是所有品牌零售企业的必经之路与未来发展的选择，因为公域流量的获取越来越困难，成本越来越高昂。如果不将公域流量导入私域流量，那么用户每消费一次，企业都需要付出额外的成本，用户与品牌的联系不够紧密，容易造成用户流失，所以企业将公域流量导入企业自己的私域流量池中，最大的业务目标是延长用户的生命周期，最大限度实现用户的复利价值。

需要注意的是，AIPL 模型的 4 个阶段需要较为清晰的分类逻辑规则，在不同的情景下，需要灵活地进行转变，因为没有一成不变的通用分类标准。

第12章 帮助企业业务长青：阿里两大营销模型

从社会产业化变革开始发展至今，各行各业的商业化竞争越来越激烈，从传统销售到互联网电商，再到短视频直播带货，每一种新的商业模式诞生，都在加剧流量竞争的激烈程度。因为整个社会的消费总人口相对稳定，即社会商业可用流量池是稳定的。商业发展至今，企业获得新用户举步维艰，成本高昂，所以企业只能将更多的关注点放在存量用户的运营上。

如何进行存量用户运营，一百家企业会有两百种做法。总体来说，存量用户运营是基于用户行为数据的运营。对于数据运营，整个市场还处于探索的阶段，目前较有成效的是阿里生态中较为常见用于线上的运营模型：AIPL消费链路模型、FAST消费者运营健康度模型、GROW业务增长模型。目前它们多被用于品牌零售业的全域运营场景。

AIPL消费链路模型指基于用户完整消费链路的营销，本书第11章对其进行了详细的介绍，AIPL模型是对从用户接触品牌开始到最终转化为企业忠诚用户结束的完整消费链路转化跟踪。对企业而言，该模型涵盖了一家企业所有的用户人群，包括潜在转化与已经转化人群。

FAST消费者运营健康度模型、GROW业务增长模型与AIPL消费链路模型略有区别，AIPL具有需要计算的相关分析指标，一定程度而言，FAST与GROW属于纯营销思维模型，但是两者的地位在营销决策价值中并不弱于AIPL模型。

12.1 提高消费质量：FAST消费者运营健康度模型

FAST 模型指的是消费者运营健康度指标，在叠加 AIPL 模型的基础上，结合其他分析指标衍生出的另一个营销应用模型，总体模型一共包含 4 个指标：可运营人群量、人群转化率、会员总量、会员活跃率，4 个指标分别归属两个指标类别：数量指标及质量指标（见图 12-1）。

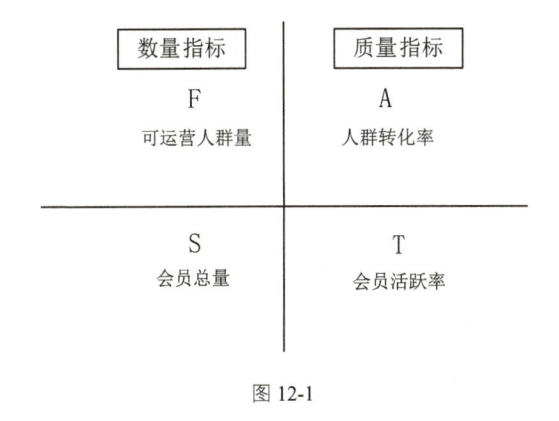

数量指标	质量指标
F 可运营人群量	A 人群转化率
S 会员总量	T 会员活跃率

图 12-1

（1）数量指标。

F（Fertility）：用户可运营总基数，在第 11 章中关于 AIPL 模型的介绍，提到 AIPL 模型包括了企业未转化的潜在用户群体，所以这里用户总基数是企业可以变现的所有基础人群，即 AIPL 模型中的可运营人群量。

S（Superiority）：企业的高价值人群或企业的会员总量，F 中的人群包含潜在用户，所以 S 人群量 =F 人群量 − 未转化用户人群量。

（2）质量指标。

A（Advancing）：指 AIPL 模型中的人群转化率，在第 11 章中提到用户只有从 A 环节顺利走到 L 环节才算该用户完成全消费链路转化，所以转化率意味着企业最终的变现能力。

T（Thriving）：指会员活跃率，会员活跃率指还在和企业发生互动关系的会员人群比例。在 CRM 管理中，会员基于不同的属性定义具有多种消费状态，例如休眠、流失、活跃、不活跃等，活跃属于用户消费状态其中的一种。不活跃的会员群体越庞大，活跃会员群体就越小，意味着该企业的会员管理能较弱，变现能力也越弱。

了解 FAST 模型的各指标释义后，我们对该模型为何定义为评估消费者运营健康度有了较为具象的认识。对于零售企业而言，该模型并不单指线上人群，全域运营的理论基础与零售中的三大主体对象（人、货、场）的关系息息相关。作为品牌方，需要考虑所有的消费者，需要考虑消费者所有可能的消费场景，以及消费者所有的个性化需求，所以 FAST 模型在零售业中最适用的业务场景是品牌零售的全域运营。

12.1.1 数据分析在 FAST 模型中的作用

从上述 FAST 模型的 4 个指标的释义来看，模型的结果表象是 4 个数据指标结果，所以思考一个问题：数据分析在 FAST 模型中的具体作用是什么？

1. 关于 AIPL 人群总量和 AIPL 转化

AIPL 模型的相关内容在本书第 11 章有详细介绍，该模型本身具有需要计算的两个指标：A、I、P、L 纵向转化率与不同时间周期的横向迁移率，两个指标结果需要借助数据分析手段实现。

同样，为了防止所有用户在整个消费转化链路中发生"不进则退"的现象，导致无法走完完整的消费链路，企业需要对 A、I、P、L 每个阶段的用户群体进行较为详细的行为特征数据分析，以便制定相应有效的运营策略。

2. 会员总量和会员活跃率

本书其他章节介绍了几个经典的数据分析模型。例如，帕累托分析模型可以帮助企业在销售贡献中找到优质的 Top 20% 的用户；RFM 分析模型可以帮助企业对企业的用户进行价值度分层，以便更好地实现用户分级管理，以及找到营销价值最高的用户人群。

如果企业要实现精细化运营，则可以将 FAST 模型中的会员总量借助本书其他章节的分析模型对整体会员进行再次人群细分：按价值度分层，高价值人群即企业头部优质用户，中价值人群即企业腰部用户，长尾用户即企业低价值用户。处于不同价值层的用户有着不同的转化能力和经济贡献能力，即营销活动转化率和客单价不一样，无论是转化率还是客单价，最终都会影响到总体销售额。

综上所述，要将 FAST 模型灵活应用于企业的营销决策中，数据分析是核心。严格意义上来说，这是一个数据运营模型，它依赖于所有指标里的细节数据，每个指标如果增长一个点，则整个模型最终的商业价值也会大幅提升。

12.1.2　FAST 模型适用的业务场景

1. 帮助企业发现与行业标杆企业消费者运营的能力差距

将 FAST 模型的 4 个指标与行业标杆企业进行对比，找到企业自身可以提升的指标空间，找到企业自身的优势与劣势。例如，如果行业的 A 转化率为 5%，经过数据分析发现品牌企业自身的 AIPL 转化率只有 3.5%，则在这种情况企业的全链路人群转化率具有一定的不足，企业在 AIPL 的转化率上具有一定的提升空间。

2. 帮助企业达成营销目标

将 FAST 模型置于营销场景，可以帮助企业找到实现营销目标的指标提升点。例如，企业去年销售业绩未能达标，此时企业对自身的消费者运营能力进行评估，找到 F、A、S、T 这 4 个指标中可以提升的指标点，然后从单个指标进行问题下钻，直至找到最终可解决问题的颗粒度。

12.1.3　如何提升"618 活动"业绩（用户运营）

FAST 模型不是定量分析的数学模型，所以当我们要将这个模型应用到实际工作中时无法像做帕累托分析模型去计算。FAST 的核心点在于教我们如何评估自己用户运营的健康性问题。如果用户运营拥有健康的运营基础，那么企业变现则较为容易。

基于上述的模型逻辑，下面举一个企业变现的案例。

H 公司是一家品牌零售公司，业务布局覆盖全渠道，线下有直营店、加盟店还有代理、卖场等传统渠道，线上在各大电商平台、微信商城、小程序、官方网站均有布局。"618 活动"即将来临，目前距离"618 活动"只剩数月，老板临时调整并加大了活动销售指标。为了达成临时调高的目标，销售部门负责人准备做一些商业测算，将指标达成拆成更细的任务，以便找到可以提升的，且对销售指标有利的点，然后将任务拆分到相关责任人保证活动顺利进行，有效达成业绩。

1. 业务问题思考

FAST 模型的 F 与 S 都是人群基数，A 与 T 属于比例基数，盘点活动所需资源只能从人群基数指标入手，也容易与最终指标销售额相结合。下面按销售达成的商业公式进行以下拆解。

$$销售额 = 总消费人数 \times 人均贡献$$

F 和 S 虽然都指人群基数，但是两个指标所指类别人群具有本质区别，F 人群基数指 AIPL 模型的用户总运营人群，根据第 11 章中关于 AIPL 模型的介绍，AIPL 模型的总人群量涵盖未转化部分用户和已转化部分用户。S 指会员总量，会员属于已转化人群，所以严格来说 F 包含 S。如果总消费人数用 AIPL 模型总人群量，则颗粒度不够细很难找到提升点，所以继续拆解。

$$销售额 = （A+I）\times 新客转化率 \times 首次购买人均贡献 + S \times T \times 复购人均贡献$$

> 注：A 和 I 属于 AIPL 模型的前两个指标，S 和 T 指 FAST 模型的后两个指标。

2. FAST 模型的数据运营思路

新客转化率、首次购买人均贡献和 S（会员总量）按历史水平测算属于固定指标，所以此拆解公式中 A（人群转化率）、I（兴趣人群量）和 T（会员活跃率）3 个指标属于变动指标。H 公司想要提升"618 活动"的总体销售额，在时间有限的情况下可以从以下 3 个指标入手。

（1）从 A 与 I 的指标入手：A 和 I 类人群来源于企业获客拉新的渠道，属于用户增长的范畴。如果要提高 A+I 类人群量，那么 H 公司在距离"618 活动"开始的这段时间需要加大各渠道的推广投放量。需要注意控制投放成本，需要多少广告曝光量可以进一步使用数据分析手段进行测算，这样有利于品牌对用户增长过程的质量把控。

（2）从会员活跃率指标入手：会员的活跃率需以购买为衡量维度，所以提升会员活跃率的本质在于提升购买人数。如何提升"618 活动"的购买人数属于数据运营范畴，所以我们可以借助数据分析手段来帮助达成。

- 使用本书第 3 章中介绍的帕累托分析模型，将会员总量按贡献度高低分出头部优质人群、腰部人群及长尾人群，进而对不同层次人群的历史数据进行行为特征分析，行为特征分析的目的是帮助企业找到不同分层的人相应适合的运营策略。
- 使用本书第 6 章中介绍的 RFM 分群模型，将会员总量按营销价值分出高价值人群、中价值人群、低价值人群，3 类人群在消费时间、消费频次和消费金额上具有本质的区别，针对 3 类人群的不同特点制定不同的运营策略，以此提高整体会员的活跃率。
- 使用本书第 9 章中介绍的聚类分析模型，对会员总量进行分类聚类，找到历史购买活跃度比较相似的人群，以此扩大有效会员人群基数。

除了上述列举的 3 种分析模型可以帮助达成会员活跃率指标，在实际的工作中还有很多分析方法可以应用，这里不展开细述。

3．运营策略举例

通过将指标拆解结合数据分析模型对最终可提升的问题点进行深入分析后，对于不同的人群需要找到该类人群的共性特征，根据企业自身实际业务不同的情况制定相应的运营策略。这里以提升 T 指标为例，我们在使用 RFM 分析模型分层高、中、低价值人群后的运营策略有以下几种选择（包括但不限于）。

（1）根据不同的价值人群发放一定的优惠券，高价值人群与低价值人群在消费能力上具有显著差异，所以对两种不同类的人群发放符合两类群体消费需求的优惠券。具体发放手段可以在应用合规的前提下参考历史数据进行分析。

（2）最大限度引导线下门店会员加入品牌私域，例如关注公众号、加入品牌社群运营等。

（3）引导会员与品牌企业的市场宣传文章发生互动关系，保证品牌与会员高度的互动力，可以避免会员陷入休眠状态。

总结上述 FAST 模型决策应用的思路，如图 12-2 所示。

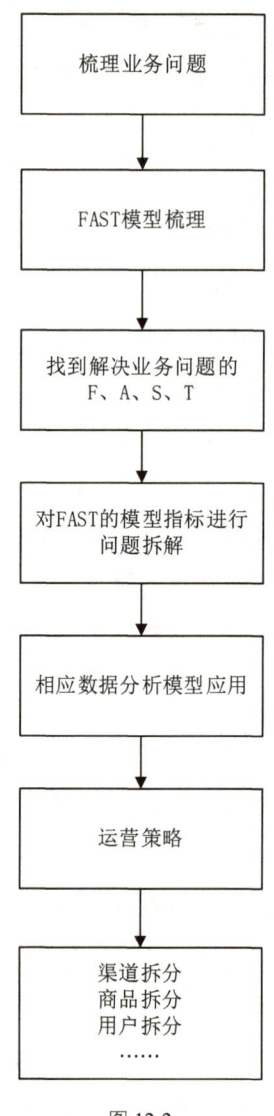

```
梳理业务问题
    ↓
FAST模型梳理
    ↓
找到解决业务问题的
   F、A、S、T
    ↓
对FAST的模型指标进行
    问题拆解
    ↓
相应数据分析模型应用
    ↓
  运营策略
    ↓
  渠道拆分
  商品拆分
  用户拆分
   ……
```

图 12-2

12.1.4　FAST 模型小结

通过对模型 4 个指标的解释和描述，可以了解 FAST 模型的主要业务目标是帮助企业精准定位影响企业营销变现的四大核心指标。四大核心指标数据结果是表象，更复杂与更重要的点在于现象背后的业务问题，及如何借助数据分析手段进行改进。

本节主要介绍了 FAST 模型的原理、数据分析在模型使用过程中发挥的作用，以及利用实现"618 活动"销售指标的案例讲解 FAST 模型具体在营销决策中发挥的商业价值。模型本身不难理解，复杂的是发现模型指标异常点后的业务解决思路及相关数据分析模型的应用，所以案例对如何找到可以改进的指标点做了较大篇幅的介绍。

FAST 模型属于营销思维模型，在数据分析方面没有难点，灵活应用该模型的关键点在于决策者需要深刻理解模型的原理，以及与数据运营相关的数据分析模型，例如本书其他章节介绍的专业的数据分析模型。最后还需要了解更多业务场景下相应的运营思路。

12.2　提升消费价值：GROW品牌业务增长模型

GROW 模型（见图 12-3）指的是品牌业务增长模型，这里的"业务增长"区别于 AIPL 消费全链路模型里 A、P 类人群的增长，业务聚焦品牌企业的总体 GMV，人群增长聚焦是品牌企业的总体用户量。从数据分析角度来说，GROW 针对结果性指标，用户增长是过程性指标。

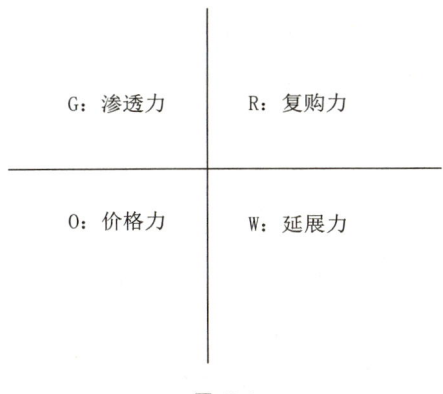

G：渗透力	R：复购力
O：价格力	W：延展力

图 12-3

GROW 模型由品牌业务增长最具影响力的 4 个指标组成，分别从不同的角度阐述可以帮助品牌企业业务有效增长的 4 个途径。

- G（Gain，渗透力）：指消费者通过购买企业其他品类以提升为企业业务增长做的贡献。

- R（Retain，复购力）：指消费者通过提升复购率以提升为企业业务增长做的贡献。
- O（bOOst，价格力）：指消费者通过购买企业更昂贵的产品以提升为企业业务增长做的贡献。
- W（Widen，延展力）：指消费者通过购买企业提供的新品类或者新服务以提升为企业业务增长做的贡献。

从上述 GROW 指标的释义中可以看出，GROW 模型的核心目标是通过改善企业的商品品类渗透力、改善用户复购力、提升企业自身高价产品的市场空间，以及多方拓展自身新业务的变现能力，最终综合提升品牌 GMV。

下面思考一个问题：为什么 G、R、O、W 这 4 个方向的改进可以帮助企业提升 GMV？

（1）渗透力：关于该指标可以从两个方向理解。

一是让消费者购买更多的品类提升用户生命周期。该方向对品牌的消费年限较长，对品牌已经产生倦怠感的用户最有效。当用户处于疲倦期时，容易寻找市场相关替代品以提升购物的新鲜度。此时如果企业向用户推荐更昂贵的其他产品，则可能效果不佳，所以采取推荐其他品类的策略，可以帮助用户找回对该品牌的新鲜感，从而帮助企业获得更长久的用户黏性。

二是通过让消费者消费更多的品类以提升客单价，与超市购物同理，购买两个种类商品的用户单次消费具有一定概率会高于只购买 1 个种类商品的用户。

（2）复购力：当消费者对品牌的满意度达到一定标准时，消费者会主动提高消费频次，或者对价格具有一定敏感度的用户给予合理的销售折扣时，消费者也会主动提高消费频次或提升客单价。用户的复购力是保证企业经营收入持续性的重要衡量指标，这也是复购力能够助力企业提升 GMV 的根本所在。

（3）价格力：用户的消费习性可以被改变、被培养，让用户购买昂贵产品可以提升用户的单次客单价，从而大幅提升整体用户价值，品牌的业务也可获得一定的增长。通过提高购买的客单价，用户会从中、低价值用户转化为高价值用户，从而在会员权益方面获取更多的福利、更加优质的用户服务，双方在消费过程中在某种程度上达到"共赢"。

（4）延展力：指企业新业务拓展的能力，例如，企业找到更细分的市场或者挖掘老用户更深层次的个性化需求。采取此种方式的企业最终实现的商业目标与提高渗透力同理，可以让用户从品牌获得更多的新鲜感提升用户黏性。企业通过开拓新的业务可以使老用户对企业的价值进行重新审视，利于老用户继续为企业做销售贡献，同时企业的市场价值也会被重新评估，提升获取新用户的空间。

12.2.1 数据分析在 GROW 模型中的作用

G：渗透力

在提高渗透力上，如何让用户购买更多的品类，目前常用的手段有商品推荐、服务推荐或者捆绑销售等。实现此类业务目标需要借助一定的数据分析手段，否则企业随意向用户推荐陌生品类，几乎很难促成交易。零售业的经营理念是围绕人、货、场，将 3 个不同主体进行组合，找到用户更精准的交易场景、更多的精准需求，找到更加个性化的场景，更个性化的需求。基于此类问题的大数据解决手段可以借助本书第 2 章介绍的购物篮分析模型实现。

R：复购力

如何提升复购力可以对应到采取的运营手段和针对的人群上，例如，针对已流失的老用户，可以采取相应的激活策略，再延伸到未流失的用户群体，需要即时甄别出即将流失的用户。在这个过程中，对流失用户的行为特征分析、运营手段的选取，抑或流失人群的预测等都需要数据分析的干预，仅靠"经验主义"很难支撑运营的盘子。

O：价格力

同样，数据分析的干预取决于提升价格的企业采取哪些运营举措，例如，通过产品外包装升级获取更高的市场价。如果没有预先收集用户的喜好反馈，并收集市场、竞品数据，那么这一举措犹如盲人摸象。

W：延展力

延展力方面主要涉及企业外部情况反馈，对行业、市场及竞品的数据都是非常关键的客观支撑，例如，第 5 章的 SWOT 模型可以帮助企业快速梳理市场形势，在信息收集之后的各种数据分析手段也可以快速帮助企业找到更为精确的拓展方向。

12.2.2　GROW 模型适用的业务场景

1．帮助企业达成营销目标

GROW 模型可以帮助企业找到当前最适合企业提升业务增长的发力方向，而业务增长的直接表现是营销变现。例如，企业年度销售额处于下降通道，主营业务的赛道竞争过于激烈导致企业主营业务业绩增长乏力，此时企业可以借助 GROW 模型的分析，逐一分析自身在 G、R、O、W 这 4 个方向上可以提升改进的空间，最终确定提升方向点。然后对方向点进行问题拆解，直至找到可以改善的更细分颗粒度。

2．帮助企业找到更优质的战略发展方向

GROW 模型除了可以辅助营销决策，同样可以帮助企业找到更好的企业经营战略发展赛道。

模型本身很简单，复杂的点在于模型的结果是 4 个战略方向。在应用上它不同于 FAST 模型：FAST 模型的结果是具体的 4 个指标，企业通过 4 个指标的分析可以更准确地定位出适合提升的点；GROW 模型属于方向上的应用，可以帮助企业快速找到运营方向，但因具体的提升点不够明确可能无法快速实现落地。

12.2.3　如何实现"618 活动"高业绩目标（企业战略）

GROW 模型不属于定量分析的数学模型，所以该模型置于实际工作中无法进行类似帕累托分析模型那般的计算，GROW 模型的核心点在于为品牌商指明业务增长的方向。

下面仍以 H 公司为例，在"618 活动"来临之际，除了可以借助 FAST 模型提升活动销售额，我们如何借助 GROW 模型提升业绩？

我们依次对 GROW 模型的 4 个方向做相应的运营策略分析（策略这里为举例说明）。

1．提高渗透力

（1）H 公司复盘企业自身已有品类，对历史用户交叉购买的品类数据做详

细数据分析，找到品类购买较为单一的用户，将这些用户作为提高渗透力的基础人群，再利用购物篮分析模型找到适合向此类人群推荐的新品类，并制定相应的运营转化策略。

（2）分析公司目前的消费人群，从覆盖的区域人群找到细分市场，例如，H公司在此之前主要销售布局在一二线城市，此时是否可以快速借助媒体广告的力量下沉到部分三四线城市，将自己的产品覆盖到更多的"潜在"消费群体，获取更多的市场销售空间。

2. 提高复购力

（1）通过数据分析定位出公司所有用户的平均复购次数，然后分别找到低于平均复购次数的人群和高于平均复购次数的人群，对两类人群做购买行为分析，根据不同的行为特征制定相应的购买转化运营策略。

（2）除了用平均复购次数作为划分阈值来区分人群，还可以借助本书第6章介绍的RFM分析模型对H公司的营销价值人群区分。对于H公司，可以将复购率作为延伸维度纳入RFM分析模型，帮助H公司做更精准的营销响应人群定位。最后根据不同价值度人群的消费特征制定相应的运营策略，同时降低活动的营销成本。

3. 提高价格力

（1）让用户购买更昂贵的产品，H公司面临的风险是加剧用户流失，如果H公司想要对部分商品提价，则需要先测算品牌商品价格提升后H公司面临的销售损失，对策略实行后的风险与收益做客观评估，再做运营策略的取舍。

（2）推出产品套餐，H公司可以通过对商品做详细的销售数据分析，找到合适的商品"组合"，在"618活动"当日作为"新品"推出，间接提高"单品"的价格，此策略主要基于提升客单价指标，最终实现销售额的提升。

4. 提高延展力

于活动来临之际快速拓展新业务不具有现实操作的可行性，时间有限，不建议在"618活动"期间实行。

上述内容主要基于H公司可以采用的GROW模型的4个方向可以相应操作的运营策略进行分析，每个方向有效的实现手段和策略包括但不限于章节中的举例内容。针对某个战略方向，相应的战术与策略不胜枚举，上述内容仅供案例思考。

12.2.4　GROW 模型小结

本节主要介绍 GROW 模型的原理、数据分析在模型使用过程中发挥的作用，以及如何达成 618 活动销售指标的案例介绍 GROW 模型具体在营销决策中发挥的商业价值。

GROW 模型的主要目标是帮助企业管理者找到业务有效增长的 4 个主要核心方向，G、R、O、W 属于企业可选择改善的战略方向，模型本身并不复杂，不具有任何数据分析难点，更复杂与重要的点在于每个方向中可以采取哪些运营举措，相应的运营举措为了更好地落地需要借助哪些数据分析方式。

灵活应用该模型的重点在于深刻理解它的原理，帮助企业在面临业务难点时找到合适的战略赛道，获得更好的业务增长。在 4 个方向的有效达成上需要深入了解数据运营相关的数据分析模型，例如本书其他章节介绍的专业的数据分析模型，借助大数据分析的力量更好地实现战略方向下的策略落地。

12.3　本章小结

FAST 模型与 GROW 模型都属于营销思维应用模型，常用于品牌零售企业的全域运营场景，模型无技术实现过程，模型实现的具体点在于超强的业务理解力。

FAST 模型属于具体指标模型，企业通过 F、A、S、T 这 4 个指标可以找到消费者运营的提升改善空间，同样可以利用它获取更高的营销变现；GROW 模型属于战略方向模型，G、R、O、W 这 4 个方向可以帮助企业找到更好的营销变现赛道。本节针对两个模型的决策应用采用同一业务事件，意在说明一个模型可以灵活运用，而同一个业务问题同样可以有灵活的处理方式。

本章提到的两个营销模型都不复杂，复杂点与实现落地难点在于企业选中提升 FAST 模型中某一指标后，制定什么样的运营策略，以及相应采取什么样的数据分析模型以达成落地。落地过程中涉及的数据相关模型可以参照本书其他章节的内容，或者采用其他有效的数据分析手段，如何实现比模型本身更重要。

本书因篇幅有限，所介绍的两个模型适用的业务场景，以及对模型不同的数据结果下相应的运营策略都是有限的，仅供示范讲解，无法作为实际工作中落地的完整"样板"。

本章希望能帮助读者理解 FAST 模型与 GROW 模型在企业的决策应用，并将它们与实际工作结合起来，发挥应有的商业价值。